Mit den besten Wünschen

Dein Rehberg

Hannover, d. 2. Nov. 1956

Dieter Rehberg
Auf den Spuren einer Kindheit
Jahrgang 1930

Dieter Rehberg

Auf den Spuren einer Kindheit

Jahrgang 1930

Reichold Verlag Hannover

Die Deutsche Bibliothek – CIP-Einheitsaufnahme

Rehberg, Dieter:
Auf den Spuren einer Kindheit : Jahrgang 1930 / Dieter
Rehberg. – 1. Aufl. – Hannover : Reichold, 1996
  ISBN 3-930459-15-9

Beim Verfassen meines Buches waren mir die Schilderungen von Erinne-
rungen und Überlassung von Bildmaterialien eine große Unterstützung,
und ich danke dafür:

Karl Heinz Hundertmark †
Winfried Fach
Günter Langethal
Gerti Neumann
Martha Neumann
Dr. Werner Schellmann
Gerhard Schultze
Horst Seizinger
Jürgen Soegtig
Karlheinz Uelze
Walter Witte

ISBN3-930459-15-9
© 1996 Reichold Verlag Hannover
1. Auflage 1996
Druck und Bindung: poppdruck Langenhagen

Inhalt

Der Anfang

Für Freitag, den 28. Februar 1930 kündigte die Flugwetterwarte vom Flughafen Vahrenwald in der Zeitung "Hannoverscher Anzeiger" an: Unbeständiges, vorherrschend noch trübes Wetter bei zeitweise geringen Niederschlägen, schwache Winde aus südlichen Richtungen. Temperaturen über dem Gefrierpunkt.

An diesem Tag fuhr Reichspräsident von Hindenburg von Hannover nach Koblenz, um an einer Feier aus Anlaß der Befreiung des Rheinlandes teilzunehmen.

Im Ufa-Palast am Aegidientorplatz gab es den Film "Der weiße Teufel" mit Lil Dagover und Betty Amann. Zum ersten Mal im Tonfilm zu hören und zu sehen - der Don-Kosaken Chor unter der Leitung von Serge Jaroff.

In den frühen Morgenstunden dieses Tages brachte eine 28-jährige Frau in einer Privatklinik im Herrenhäuser Kirchweg 5 einen gesunden Jungen zur Welt. Sie hatte neun Monate zuvor einen um dreizehn Jahre älteren Postinspektor geheiratet und mit ihm eine Wohnung unterm Dach in der Haasemannstraße 6 bezogen.

Die Zeiten waren unruhig, geprägt von Geldnot und Arbeitslosigkeit, Zukunfts- und Existenzangst.

Hannover hatte 440.000 Einwohner und 26.000 davon waren ohne Arbeit. Auf 36 Einwohner kam ein Motorfahrzeug.

Kommunisten und Nationalsozialisten bekämpften sich, wo immer sie aufeinander trafen. Beide Parteien glaubten fest daran, daß die Verwirklichung nur ihrer Idee das Heil für das deutsche Volk bringen würde.

In diesen existentiell unsicheren Zeiten gab so manche Mutter ihrer Tochter den Rat: "Nimm einen Beamten zum Mann, da kann dir nichts passieren, da bist du sicher!"

Die junge Mutter hatte ihren Hermann jedoch aus Liebe geheiratet und war glücklich, ihm einen Stammhalter geschenkt zu haben.

Ihr Mann war vom Schicksal nicht verwöhnt worden. Nach seiner Schulzeit auf der Oberrealschule 2, die spätere Herschelschule in der Tellkampfstraße, kam er zum Militär und am Ende seiner eigentlichen Militärzeit brach der erste Weltkrieg aus, und er zog für Kaiser und Vaterland mit dem hannoverschen Regiment 73 ins Feld, um Frankreich zu erobern.

In den verlustreichen Kämpfen wurde der junge Soldat schwer verwundet und geriet in französische Gefangenschaft, wo er sofort operiert wurde. Zurück blieben ihm einige Granatsplitter, die später wandern und eine ständige Gefahr bilden sollten. Ebenso blieb zurück eine Verminderung der Sehschärfe auf dem rechten Auge um 80%.

Immerhin blieb er am Leben und kehrte, wenn auch mit Verspätung, ein Jahr nach Kriegsende in seine Heimatstadt Hannover zurück.

Um die schönsten Jahre seines Lebens gebracht, unwiederbringlich, fühlte er sich vom Schicksal betrogen. Sein Wunsch, Schiffsingenieur zu werden, schien unmöglich und so trat er seine Laufbahn bei der deutschen Reichspost an.

Die nächsten Jahre lebte er frei und ungebunden, wurde, weil er ledig war, von seinem Amt an den verschiedensten Orten eingesetzt. Hier holte er in bescheidenem Maße nach, was er nach seiner Meinung durch die Kriegsjahre versäumt hatte. Besonders erinnerlich, weil mit schönen Erlebnissen verbunden, sind ihm die Berufsstationen Barsinghausen, Hermannsburg und Hitzacker, wo er jeweils in den Postämtern seinen Dienst zu versehen hatte.

Zurück in Hannover begann für ihn ein neuer Lebensabschnitt als er seine Liebe zu einer schönen Frau, Tochter aus gutem Hause, entdeckte und sie kurzentschlossen heiratete. Genau neun Monate später, am 28. Februar 1930 waren sie zu dritt. Ein Junge war geboren worden und der Hainhölzer Pastor A. Chappuzeau taufte ihn am 11. März auf den Namen Dieter.

Kindheit

1934, Dieter war 4 Jahre alt geworden, zog die kleine Familie um; in einen Stadtteil, der sich rasant entwickelte.

Die List war ein Dorf gewesen, dem sich die Stadt wie ein Makrophage immer mehr näherte, um es schließlich zu verschlingen und zu einem Teil seiner selbst zu machen.
Erst im Jahre 1929 hatten die Bauarbeiten begonnen, die entlang der Podbielskistraße die Entstehung des neuen Stadtteils List einleiteten. Die "Podbi", wie sie genannt wurde, war eine der Hauptverkehrsadern Hannovers, breit genug, den gesamten Personen- und Güterverkehr aufzunehmen, der aus dem östlichen Umland in das Zentrum der Metropole strebte. Eng wurde es für den Verkehr dann am Hugenbergplatz (Lister

Bahlsen's Keksfabrik, Podbielskistraße, 1927

Platz), Celler Straße, Alte Celler Heer Straße, wo Straßenbahn, Lastwagen mit Anhängern und die immer noch zahlreichen Pferdefuhrwerke große Mühe hatten, unbeeinträchtigt bis zum Bahnhof oder Kröpcke zu kommen. Heute heißt die Strecke "Lister Meile" und ist als Fußgängerzone ein Hort bedächtiger Betriebsamkeit mit Rastmöglichkeiten in Straßencafés und Restaurants.

In der "Alten List" gab es noch Bauernhäuser mit Fachwerk, dazu Äcker und Weiden, auf denen das Vieh geruhsam graste. Charakteristisch, auch vom Namen her, war für diesen Stadtteil die Höfestraße.

In der Huneaustraße, einer kleinen Nebenstraße der Podbielskistraße, in der Nähe von Vier Grenzen, bezog die junge Familie im Haus Nr. 5 ihr neues Domizil. Das Haus besaß einen kleinen Vorgarten mit Rasen und einer Hecke. Rundherum gab es einen geländerartigen Zaun, auf dem sich herrlich balancieren ließ. Wer um die Ecke herumkam, hatte die Vorstufe zum Artisten erreicht. Die Vierzimmerwohnung lag im zweiten Stock, hatte zur Straße hinaus einen kleinen Erker und zum Hofe einen kleinen Balkon, der durch die Küche zu erreichen war. Für damalige Verhältnisse hatte die Wohnung durchaus gehobenen Standard. Sie hatte eine zentrale Koksheizung. Das heißt, der Ofen stand in der Küche und beheizte von dort aus die einzelnen Heizkörper in den Zimmern. Mühselig war es nur noch, an kalten Wintertagen die täglich gebrauchte Menge an Koks in den sogenannten Schüttern aus dem Keller nach oben zu tragen. Eine Arbeit, vor der sich jeder gern drückte. Zum Feueranmachen benötigte man Papier, meistens Zeitungspapier, und Bündelholz. Erst legte man den zerknüllten Papierballen auf den Rost im Ofen, schichtete dann das Bündelholz überkreuz darüber und steckte das Papier an. Brannte das Holz, schüttete man vorsichtig nach und nach den Koks darüber, bis dieser unten voll erglühte. Dieses umständliche Manöver wurde schlagartig überflüssig mit der Erfindung des Gasspießes. Dieser Spieß, ein blockflötenähnliches Gebilde, war mit einem biegsamen Metallschlauch am Gasherd angeschlossen. Durch einen Hebel wurde Gas hineingeleitet, das aus den kleinen Öffnungen strömte. Dieses wurde dann angezündet und der Spieß brennend unter den Koks geschoben, bis dieser das Feuer annahm. Bündelholz und Papier wurden nun nicht mehr benötigt.
Die Toilette war innerhalb der Wohnung. Man muß bedenken, daß es in Hannover noch eine große Anzahl von Häusern gab, bei denen die Toiletten außerhalb der Wohnungen im Treppenhaus lagen und von mehre-

ren Parteien benutzt wurden. Es gab sogar noch Häuser, bei den die Toiletten außerhalb des Wohngebäudes lagen. In der Höfestraße gab es noch lange Zeit Häuser dieser Art. Der Volksmund nannte sie scherzhafterweise "Kackalorium".

Aus eben diesen Gründen gab es in fast allen Schlafzimmern die Nachtschränkchen mit dem entsprechenden Nachttopf darin. Morgens bedeckte man üblicherweise den Topf mit einem Tuch und brachte ihn mit Inhalt zur Toilette, wo man ihn leerte und säuberte.

Doch zurück zu der Familie in ihrer neuen Wohnung,

Im Toilettenraum der neuen Wohnung gab es das "Non plus ultra", eine Badewanne! Über der Badewanne schwebte ein sogenannter Boiler, riesengroß. Zwei dicke Stahlbänder, die an den Enden um ihn geschlungen und in der Decke verankert waren, hielten ihn. Ganz wohl war niemandem zumute, der in der Wanne lag, wenn er über sich den Boiler sah, wie eine Drohung, ihn jederzeit zermalmen zu können.

Das Wohnzimmer, zur Straße liegend, hatte einen Erker. Stand man darin und schaute hinaus, konnte man rechts ein Stück von der Podbielskistraße sehen. Man erkannte die Autos, die Lastwagen, die Straßenbahnen und auch die Pferdefuhrwerke, wie die von den hannoverschen Brauereien, der Klareisfabrik Heuweg und der einzelnen Molkereien, die sich noch im Stadtbezirk befanden.

Faszinierend waren die gelben Straßenbahnen der Linien 3, 7, 8 und 17 mit ihren großen, runden Nummernschildern auf dem Dach an der Stirn- und Rückseite des Motorwagens. Die Straßenbahnen hatten ihre Sitzbänke links und rechts durchgehend in Längsrichtung. Der Fahrer stand vorn im Motorwagen, drehte an einem waagerechten Steuerrad mit einem kleinen Stabgriff und regelte damit die Fahrtgeschwindigkeit. Ihm stand auch ein Pedal zur Verfügung, mit dem er ein schrilles Klingelgeläute auslöste, wenn er darauf trat, um andere Verkehrsteilnehmer zu warnen. In jenen Tagen fuhr zudem in jedem Wagen ein Schaffner mit, der Fahrkarten verkaufte, die er von einem kleinen Block abriß, nachdem er mit einem Stift auf einer Skizze das Fahrtziel und die Uhrzeit gekennzeichnet hatte.

Aus dem rechten Erkerfenster sah man noch die Apotheke an der Ecke, um die jeder kam, der an der Haltestelle "Vier Grenzen" ausgestiegen war und unsere Straße benutzen mußte.

Dem Haus direkt gegenüber war freies Gelände, so daß man freien Blick hatte, soweit, daß man die Flugzeuge beobachten konnte, die auf dem Flughafen Vahrenwald starteten und landeten. Dieser schöne Anblick sollte ein paar Jahre später durch den Bau weiterer Häuser in der Straße verschwinden.

Aus dem linken Erkerfenster hinausblickend, sah man einen kleinen Teil der Karl-Kraut-Straße mit der Bäckerei an der Ecke.

Schaute man hinten vom Balkon, gewahrte man das Innere des gesamten Häuserblocks. Im Zentrum dieses großen Quadrates lagen gut gepflegte Gärten, die den Wohnhausbesitzern gehörten. Hier gab es riesige Obstbäume, Büsche, Beerensträucher und Gemüsebeete jeglicher Art. Zwischen den Gärten und den Häusern gab es aber auch noch eine kleine freie Fläche, die man Hof nannte und sämtlichen Hausbewohnern zugänglich war. Die Gärten als auch die Höfe der einzelnen Häuser waren durch Zäune abgegrenzt.

Die Höfe sollten auch den kleinen Kindern zum Spielen dienen. Sie benutzten diese Plätze aber nicht so gern, weil es immer wieder Erwachsene gab, die sich über den Lärm beschwerten. Fremden Kindern, die in den Hause nicht wohnten, war das Spielen ohnehin auf dem Hof verboten. Außerdem spielten die Kinder sowieso viel lieber vorn auf der Straße, wo auch die Kinder aus der Umgebung an der Spielfreude teilhaben konnten. Autoverkehr fand kaum statt; gab es in der ganzen Straße nur 7 Stück davon.

Zu jeder Wohnung gehörte auch ein abgeschlossener Kellerraum. Hier wurden die Heizmaterialien wie Koks, Briketts und Anzündeholz gelagert. In den Regalen befanden sich Gläser und Töpfe mit Eingemachtem. Obst, Marmelade, Eier, Gurken wurden von den fleißigen Hausfrauen natürlich selbst eingemacht beziehungsweise eingelegt. Die eigenhändig gesammelten Pilze wurden sorgfältig getrocknet. Man mußte doch für den Winter vorsorgen und Vorräte anlegen.

Im Keller befand sich auch die Waschküche. Sie war von der Hofseite, eine kleine Treppe führte hinab, zu betreten. Sie beherbergte zwei große Kessel, die geheizt werden konnten. Dazu kam ein Bottich, in dem die Wäsche gespült wurde.

Der Andrang war so groß, daß die Waschtage für jede Wohnpartei Wochen im voraus fest abgesprochen werden mußten.

So ein Waschtag war für die Hausfrau ein heute nicht mehr vorstellbares anstrengendes Unterfangen. Früh morgens, ja manchmal schon am Vorabend wurden die Kessel angeheizt und wenn das Wasser die entsprechende Temperatur hatte, kam die Wäsche hinein. Je nach dem wurde Seifenpulver, Kernseife oder Schmierseife benutzte. Mit einem Stampfer und einem großen Holzrührstab wurde die Wäsche stundenlang behandelt, bis sie den gewünschten Reinigungsgrad erreicht hatte. Dann wurde sie mehrfach in klarem Wasser gespült, gewrungen und anschließend auf die auf dem Hof gespannten Leinen gehängt.

Die saubere getrocknete Wäsche wurde abgenommen, eingesprengt und in einem Wäschekorb zur Mangel gebracht. Es gab in Hannover eine große Anzahl von Wäschemangeln, die gut von ihrer Dienstleistung existieren konnten.

In dem neubezogenen Wohnhaus gab es einen Dachboden, der in kleine Parzellen aufgeteilt war. Die Trennwände waren aus ca. zwei Meter hohen, rohen Holzlatten. Zu jeder Wohnung im Hause gehörte ein so abgeteilter Bodenraum, in dem hauptsächlich Gerümpel abgestellt wurde. Alte Möbelstücke, die man gerade nicht benötigte, oder auch Gegenstände, die saisonbedingt nicht im Gebrauch waren. Bei Kriegsausbruch mußten die Böden entrümpelt und die hölzernen Trennwände entfernt werden.

Soviel zum Haus mit seinen Möglichkeiten, die es zur Pflege und Versorgung eines Haushaltes bot, und zurück zur Familie.

Dies war die Umgebung und die Atmosphäre, in der der kleine Dieter die nächsten Jahre seiner Kindheit verbringen sollte. Er bekam ein eigenes Zimmer mit Blick auf die Straße. Er spielte gern darin oder sah, auf der Fensterbank sitzend, dem Treiben auf der Straße zu und wußte die geliebte Mutter in seiner Nähe. Doch dann geschah etwas, was tief in sein Inneres eindrang und ihm schlagartig sein Ich-Bewußtsein bescheren und den Anfang seines Erinnerungsvermögens datieren sollte.

Eines späten Abends, draußen war es kühl und trocken, die Straße wurde schon durch die Standlaternen beleuchtet, wachte der kleine Junge in seinem Bett auf, rief nach seiner Mutter und stellte mit Erschrecken fest, daß seine Eltern nicht in der Wohnung waren. Sie waren einfach fortgegangen. Ein furchtbares Gefühl der Einsamkeit und Verlassenheit überfiel ihn. Wo waren sie? Warum ließen sie ihn allein? Wann kommen sie wieder? Sie hatten ihm natürlich schon häufiger gesagt, daß sie abends mal einen Besuch bei Freunden machen würden, er brauchte dann keine Angst zu haben, sie kämen ja immer wieder und er wäre ja auch ihr lieber kleiner Junge, den sie lieb hätten und nie verlassen würden. Doch erstmal in dieser Situation, half ihm das gar nichts.

Die große Standuhr im Wohnzimmer in der linken Ecke vor dem Erker schlug alle halbe Stunde mit dumpfem Ton die Zeit an. Der Junge stand im Erker, starrte abwechselnd nach rechts und links auf die leere Straße. Er weinte leise vor sich hin, hoffend, die geliebten Eltern würden sogleich bei der Apotheke an der Ecke erscheinen und zurückkehren. Dann würde er sich schnell ins Bett legen, sich schlafend stellen und nicht anmerken lassen, wie furchtsam er gewesen war.

Doch die Zeit verrann und die Eltern kamen nicht. Er ging nun immer wieder einmal zu Bett, versuchte zu schlafen, aber es wollte ihm nicht gelingen. Er hörte die Uhr schlagen, ging wieder zum Erker, starrte wieder auf die Straße und wurde immer verzweifelter. Er hatte kein Licht angemacht, um sich nicht zu verraten. Die Schatten, die bei der Straßenbeleuchtung entstanden, kamen ihm immer größer und bedrohlicher vor. Irgendwann, er war einer Panik nahe, sah er endlich zwei Schatten bei der Apotheke in die Straße einbiegen. Das mußten sie sein. Er flitzte ins Bett, wartete, seufzte vor Freude als er die Haustür anschlagen hörte und verfolgte, wie die Wohnungstür vorsichtig auf- und wieder zugeschlossen wurde.

Er war glücklich und merkte kaum noch, wie seine Mutter an sein Bett trat und ihm einen Kuß auf die Stirn gab.

Am nächsten Morgen wachte er zur gewohnten Zeit auf und merkte, daß sich in ihm etwas verändert hatte. Er schämte sich wegen seiner nächtlichen Furcht. Ein ganz neues Gefühl hatte von ihm Besitz ergriffen. Die nächtliche Angst hatte ihn dazu gebracht, über sich selbst nachzudenken. Er war ein selbständig existierendes Wesen mit einem aus einem psychischen Trauma entstandenen "Ich"-Bewußtsein.

In meinem ganzen Leben geht mein bewußtes Rückerinnern immer nur bis zu diesem Zeitpunkt meines Bewußtseinsanfangs zurück.

Mein Zimmer hatte ich inzwischen in Besitz genommen, die ersten Eindrücke meiner Umgebung registriert und erlebte an der Hand meiner Mutter die täglichen Erfahrungen des Einkaufens, des Waschens und sämtlicher anderer Dinge, die zum Familienleben gehören. Da wir neu in der Gegend waren, bemühte sich vor allem meine Mutter um Kontakte zu anderen Menschen. Es fiel ihr nicht schwer, da sie ein offenes, sympathisches Wesen hatte, gut aussah und über einen gewissen Charme verfügte. Es passierte durchaus, daß auch andere Menschen ihre Nähe suchten, um sie kennenzulernen. Es war in jener Zeit absolut kein Ausdruck von Neugier, wenn man für die Menschen in der Nachbarschaft freundliches Interesse aufbrachte. Man lebte mehr "miteinander".

Es war auch das Bestreben meiner Mutter, mich mit gleichaltrigen Spielgefährten zusammenzubringen.

Im Haus gab es drei Mädchen: Lilly, Sylvia und Ilse. Mit ihnen wurde reihum Geburtstag gefeiert. Zu meinem Geburtstag kam auch noch Hannelore dazu, die Tochter der engsten Freundin meiner Mutter. Ob mich dieser frühe Umgang mit zunächst ausschließlich weiblichen Gefährten in irgend einer Weise für das spätere Leben geprägt hat, habe ich nie herausgefunden. Jedenfalls hatte ich im Umgang mit dem anderen Geschlecht immer viel Glück.

Die Kindergeburtstage wurden in jener Zeit von den Müttern mit großem Fleiß organisiert und ausgerichtet. Natürlich wurden Kuchen und Torten selbst gebacken. Zu trinken gab es Kakao und unter mütterlicher Leitung wurden Spiele gespielt. "Schwarzer Peter", ein Kartenspiel, bei dem so mancher Verlierer mal weinen mußte, aber auch immer wieder schnell getröstet wurde. "Topfschlagen" war auch ein Spiel, das sehr beliebt war.

Nicht nur das Geburtstagskind bekam die mitgebrachten Geschenke, auch die Kinder, die zu Besuch kamen, wurden jedes mit einem Geschenk bedacht. Meine Mutter pflegte einen Stoffbeutel, den "Grabbelsack" zu halten, in den sie vorher, der Anzahl der kleinen Gäste entsprechend, kleine Geschenke getan hatte. Das waren kleine Flöten, kleine Blechfrösche, mit denen man knackende Geräusche machen konnte, weiter kleine Geduldspiele undsoweiter, undsoweiter. Diese Geschenke waren eigenhändig so verpackt, daß man beim Betasten nicht auf den Inhalt schließen konnte. Jedes Kind mußte mit abgewandtem Gesicht in den Beutel greifen und ein Päckchen herausziehen. Meist waren die Kinder sehr zufrieden.

Am frühen Abend wurden den Kindern die beliebten Wiener Würstchen serviert - dazu gab es Limonade. Etwas später kamen dann die Mütter der kleinen Gäste, um sie nach einem kleinen Plausch mit der Gastgeberin nach Hause zu geleiten.

Diese Geburtstage waren in jener Zeit absolute Höhepunkte im kindlichen Leben.

Aber nun, in der neuen Wohngegend, gab es auch allerhand Neues zu entdecken. Meine Mutter half dabei, indem sie mich oft mitnahm, wenn sie ihre Besorgungen machte.

Wenn es zum Bäcker ging, bogen wir um die Apothekenecke in die Podbi Richtung "Vier Grenzen" ein. Im Hause Podbi 315 war die Bäckerei Ohrmann, bei der wir unsere Brote und Feinbackwaren kauften. Ich mochte am liebsten die Mohrenköpfe, außen Schokoladenüberzug, innen weicher gelber Teig, der eine nach Vanille schmeckende Puddingmasse umschloß. Aber auch die Amerikaner und die Prager Rollen hatten es mir angetan.

Gingen wir wieder zurück, trafen wir gleich neben der Bäckerei auf einen kleinen Schuhladen mit einem richtigen Schuhmachermeister namens Seffer, der eine kleine Werkstatt im Keller betrieb, die nur zu erreichen war, wenn man im Laden eine kleine Luke öffnete und eine Stiege hinabstieg.

Herr Seffer war ein freundlicher Mann, saß auf einem Schemel bei trübem Licht einer Hängelampe, vor sich den Dreifuß und hantierte mit Ahle und Pfriem. Wenn er guter Dinge war, durfte man ihm bei seiner Tätigkeit zusehen und seinen Erklärungen lauschen. Jedes Kind der Zeit kannte den Reim

"Im Keller ist es duster,
da wohnt ein armer Schuster"

Hier hatte er eine deutliche Entsprechung.

Den für Kinder interessantesten Laden gab es gleich nebenan im Hause 316. Hier hatte das etwas ältlich wirkende Fräulein Erna Pohl - man sagte damals auch zu älteren unverheirateten Frauen noch Fräulein - ein Kaffee-, Tee- und Konfitürengeschäft. Nicht nur, daß es immer köstlich nach frisch gemahlenem Kaffee duftete, auch der Anblick der vielen bunten Süßigkeiten ließ die Kinderherzen höher schlagen. Es gab wirklich alles, wovon ein Kinderherz nur träumen konnte. In großen Glasbehältern befanden sich die Köstlichkeiten, wie Salmis (Salmiakpastillen), Lakritzstangen, Kaugummis, Lutschstangen, Nappos, Dauerlutscher, Sahnebonbons, Geleehimbeeren, Liebesperlen, um nur einmal die beliebtesten zu erwähnen.

Das hannoversche Wort für Bonbons war "Boltjen".

"Für fünf Pfennig Sahneboltjen, Tante Pohle", sagte man und sie holte mit einer kleinen Schaufel oder einer Zange die Boltjen aus dem Glasbe-

16

hälter, füllte sie in eine kleine Spitztüte mit kleine aufgedruckten blauen Sternchen und reichte sie freundlich über den Tresen in die ausgestreckten Kinderhände.

Wenn ich eine Erkältung oder eine andere Infektion durchmachte, wie sie bei Kindern nun mal häufig sind, und zu Hause bleiben mußte, kaufte meine Mutter bei Fräulein Pohle Karlsbader Oblaten mit Schokoladenfüllung. Selbst bei ausgeprägtester Appetitlosigkeit schmeckten und bekamen sie mir so gut, daß ich noch heute der Meinung bin, sie haben jedes Mal zu meiner schnellen Genesung kräftig beigetragen.

Neben Tante Pohle befand sich eine Filiale der Reinigung Bode, in der sich die Hausfrauen gern zu einem Schwätzchen einfanden.

Wiederum neben der Reinigung betrieb das Ehepaar Herzog ein Uhren- und Schmuckgeschäft. Hier sollte mir ein paar Jahre später mein Vater meine erste, von mir so innigst gewünschte Armbanduhr kaufen, für acht Reichsmark.

Dann waren wir wieder an der Apotheke von Herrn Nau angelangt.

Gegenüber an der Ecke im Hochhaus war zunächst das Küchenfachgeschäft Achenbach. Ein paar Jahre später etablierte sich dort der Modesalon Margarete Thies. Die Ausstattung der Schaufenster war sehr attraktiv und die Auswahl der ausgestellten Modelle zeugte von gutem Geschmack bei guter Qualität. Das Sortiment entsprach dem gehobenen Anspruch der in dieser Gegend wohnenden Kundschaft. Die Seele vom Geschäft war ein Fräulein Geue, das seine Kundinnen bestens beriet und weithin beliebt war. Neben der Drogerie Springmann und dem Butter- und Käsegeschäft Wassmann betrieb Herr Martin einige Jahre ein Tabakwarengeschäft. In dunklen Holzregalen lagerten die Tabakwaren der vielfältigsten Provenienz. Zigarrenkistchen aus feinstem Holz, darauf wunderbare, bunte Etiketten mit exotischen Motiven. Die ganz feinen und teuren Zigarren ruhten in einem kleinen Glasschränkchen mit Holzleisten, dessen Inneres ständig bei gleicher Temperatur und Luftfeuchtigkeit gehalten wurde.

All dieses ließ in dem Laden einen aromatischen Duft entstehen, der die Sinne der Kunden wohltuend umschmeichelte.

Aus dem Holztresen ragte eine Messingstange hervor, die wegen ihrer Ornamente sehr kostbar wirkte. In Schulterhöhe brannte ein winziges Gaslicht, welches der Kunde mittels eines kleinen Hebels regulieren konnte, um sich daran eine Zigarette, Stumpen oder Zigarre anzünden zu können. Mein Vater pflegte hier regelmäßig seine Zigaretten zu kaufen und ließ sich gern mit Herrn Martin und anderen Kunden in ein kleines Gespräch ein. Die beliebtesten Zigarettenmarken, meist nur aus leichten

Orienttabaken aus der Türkei, Griechenland oder Ägypten und in ihrer Form oval, waren: Salem, R6, Kyriazi, Overstolz, Eckstein, Nil, Muratti, Golf, Mercedes, Khedive, Finas, Schwarz-Weiß, Karasi-Türken und die Mokri mit dem Strohmundstück. Es gab damals aber auch schon die englische Marke Goldflake, die nach dem Kriege durch die englischen Soldaten zur beliebten Kungelware wurde.

Der Milchladen hingegen von Herrn Wassmann sah ganz anders aus und entwickelte auch ganz andere Gerüche. Hier wurden in täglicher Wiederkehr Milch, Butter und Käse gekauft. Die Milch wurde mit großen Schöpflöffeln aus einer großen Kanne geschöpft und in den mitgebrachten Krug oder Topf gefüllt. Der Schöpflöffel war mit einer Maßeinheitskennzeichnung versehen. Tüchtige Hausfrauen verlangten: "Bitte von oben", da sie wußten, dort ist der größte Fettanteil. Herr Wassmann wirkte diesem Phänomen durch kräftiges Durchrühren entgegen.

Bei Meyers nebenan versah man sich mit Schreibutensilien und allem, was dazu gehörte Etwas weiter verkaufte der Kaufmann Haars, später Jütte, Lebensmittel und Kolonialwaren. Einkauf von Lebensmitteln war eine tägliche Angelegenheit, ja manche Hausfrauen kamen mehrfach am Tage, um die benötigten Zutaten zu Mittag- und Abendessen einzukaufen; gab es doch jedesmal eine Gelegenheit, die neuesten Geschichten aus dem Viertel auszutauschen. Die Frauen warteten demzufolge auch gern, wenn der Kaufmann oder seine Frau die Erbsen oder Bohnen mit einer Schaufel aus der Schublade holte, in die Tüte füllte, diese auf die Waage in eine kleine Halterung steckte und dann so lange nachfüllte, bis der Zeiger auf der Waage das gewünschte Gewicht anzeigte. Ebenso brauchte es Zeit, mit einer Holzzange einen Hering aus dem großen Faß zu holen und einzupacken. Auch so ein Kolonialwarenladen hatte einen spezifischen Duft, den man nie vergißt.

Nach frischem Obst und Gemüse duftete es ein paar Häuser weiter im Geschäft der Frau Both. Hier meldete sich die weite Welt mit Ananas, Bananen, Kokosnüssen, Apfelsinen, Mandarinen und anderen Früchten aus den damals noch so fernen Ländern. Aber auch aus heimischen Ernten gab es stets saisonbedingt ein reichhaltiges Angebot an frischem Obst und Gemüse. Es gab ein geflügeltes, werberächtiges Wort, das man auf den braunen Obsttüten nachlesen konnte: "Eßt mehr Obst und ihr bleibt gesund!"

Das Fleisch zu dem frischen Gemüse konnte man gleich nebenan in der Filiale der Firma Johann Weishäupl kaufen, ebenso wie die gute Wurst und Aufschnitt für den Abendbrottisch.

Neben all diesen Dingen für das Innere durfte auch das Äußere nicht zu kurz kommen. Im Frisiersalon Zander, später Haarstick, wurden die Damen des Viertels "schön gemacht". Sie mußten allerdings viel Geduld aufbringen, denn damals währte eine Behandlung mitwaschen, schneiden, dauerwellen undsoweiter mehrere Stunden.

Direkt an der Ecke Podbi/Karl-Kraut-Straße lockte Kaiser's Kaffeegeschäft die Kunden an mit einem großen Angebot an Süßwaren, Tee, Kakao, Konfitüren und Gebäck. Hier war auch der Endpunkt unseres Viertels und gleichermaßen die Grenze meines vorläufigen Aktionsradius.

Eine besondere Art des Kundendienstes jener Zeit darf nicht unerwähnt bleiben. Mehrere Branchen des Handels und des Handwerks bemühten sich um den direkten Kontakt mit den Haushalten. So kam zweimal in der Woche ein Fuhrwerk mit Holzkastenaufbau in unsere Straße. Gezogen wurde es von einem Schimmel. Auf dem Kutschbock saß Herr Schrader, ein schmächtiger älterer Mann mit einem rosigen Gesicht. Er schwenkte eine große "Bimmel", und die Hausfrauen eilten herbei, um an seinem Wagen Butter, Milch und Eier einzukaufen. Einige Kunden, die eine Dauerbestellung bei ihm hatten, suchte er auch in der Wohnung auf, um die Waren zu liefern und zu kassieren. Bei meiner Mutter bekam er regelmäßig eine Tasse "guten" Kaffees serviert, zu der er sein mitgebrachtes Frühstücksbrot verzehrte. Als Dank dafür setzte er mich hin und wieder auf den Rücken seines Schimmels, und ich durfte auf ihm sitzenbleiben, bis er die Karl-Kraut-Straße erreicht hatte. Einige Jahre später, als die gute Butter knapp wurde, profitierten wir noch eine ganze Zeit lang von dieser Beziehung, indem wir gegen ein gewisses Aufgeld noch so manche Extrazuteilung bekamen.

Eine weitere Bequemlichkeit war die Anlieferung frischer Brötchen. Tagsüber wurde dem Bäcker ein kleiner Leinenbeutel gebracht und die gewünschte Menge der verschiedenen Brötchen bestellt. Kinder mochten gern die etwas süßen Rosenbrötchen oder auch die Hedwige und die Erwachsenen wählten zwischen Milchbrötchen, Schrippen und Hörnchen aus. Am nächsten Morgen in aller Frühe hing der gefüllte Beutel außen am Knauf der Wohnungstür. Der Bäckerjunge - "Luffe" - in der typischen Kleidung: weiße Weste mit Silberknöpfen und schwarz-weißer Pepitahose hatte in einem Weidenkorb, den er auf den Rücken gebunden hatte, die Backwaren ausgetragen. Auch die Milchgeschäfte bedienten ihre Kunden, indem sie die bestellten Milchflaschen vor die Wohnungstüren stellten.

Wenn es im Sommer Schwierigkeiten mit der Kühlung der Lebensmittel gab, sorgte die Klareisfabrik Heuweg in der Seilerstraße für Abhilfe. Mehrere Holzkastenwagen, von Pferden gezogen, fuhren regelmäßig durch Hannovers Straßen und verkauften Stangeneis. Da Kühlschränke noch weithin unbekannt oder für viele Familien auch nur zu teuer waren, gab es in den Haushalten die Kühlkisten. Das waren Holzkisten, die innen mit Zinkblech ausgeschlagen waren. Hier hinein legte man das gerade gekaufte Eis, nachdem es mit einem Eispickel zerkleinert worden war. Hierauf wurden dann die zu kühlenden Nahrungsmittel gelegt. Es kam trotzdem noch häufig vor, daß die Milch sauer wurde. Die wurde dann in Schalen gefüllt, in die Speisekammer gestellt und aufbewahrt, bis sie vollständig geronnen war. Dann wurde sie, mit Zucker oder Marmelade gesüßt, verspeist. Für meinen Vater war diese "Stippmilch" eine Delikatesse, aber ich konnte mich an den Geruch und den Geschmack zeit meines Lebens nicht gewöhnen. Selbst in Zeiten größten Hungers konnte ich dieses, bei mir Brechreiz verursachende Gericht, nicht herunterkriegen.

Zu den Anwohnern in den neu entstandenen Wohnvierteln kamen aber auch noch Anbieter ganz anderer Art. In gewissen Zeitabständen rief ein Scheren- und Messerschleifer seine Angebote aus. Die Hausfrauen eilten dann mit ihren stumpf gewordenen Schneidewerkzeugen zu ihm, der mit einem Pedal seinen runden Schleifstein in schnelle Umdrehungen brachte, ihn mit Wasser benetzte, und an ihm die Werkzeuge schärfte.

Eine besondere Spezies von Menschen waren die Drehorgelspieler, die in regelmäßigen Abständen auf den Höfen auftauchten. Sie spielten Lieder von Herz und Schmerz, aber auch deftige Gassenhauer und Operettenschlager. Dazu sangen sie die Texte mehr schaurig als schön, aber immer laut und mit großer Inbrunst. Gewöhnlich wurden ihnen vom Balkon dann zur Belohnung in Papier gewickelte Kleinmünzen zugeworfen, die ihnen von den Kindern bereitwillig in den Hut gelegt wurden. Hinter vorgehaltener Hand wurde gern erzählt, daß sich manch einer dieser ärmlich wirkenden Männer ein ansehnliches Vermögen erorgelt habe. Unter den Orgelspielern gab es auch ein stadtbekanntes Original. Der Volksmund nannte ihn "Onkel, noch einen", weil er, nach jedem Vortrag sich lauthals mit diesen Worten selbst lobend, zum Weitermachen aufforderte.

Alles in allem war es eine Freude, in dieser Umgebung aufzuwachsen. Von meinem Zimmer hatte ich vollends Besitz ergriffen und spielte mit meinen Spielsachen. Womit spielten damals die Jungen? Fast jeder Junge hatte eine Burg mit den dazugehörenden Rittern, die ihre Burg gegen böse Feinde zu verteidigen hatten. An der Zugbrücke scheiterten regelmäßig die Angreifer im Kugelhagel der Kanonen, die mit Erbsen geladen waren. Nicht sehr viel Geduld brachte ich auf, wenn ich mit Bausteinen Wohnhäuser oder andere Gebäude errichten sollte. Auch der sehr verbreitete Trixbaukasten, mit dessen Inhalt man Autos, Flugzeuge und Maschinen zusammenschrauben konnte, lockte mich nicht sehr zu schöpferischem Tun. Da gefiel es mir schon besser, mit dem kleinen Bauernhof und den dazugehörigen Tieren zu spielen. Bei schönen Wetter jedoch schickte mich meine Mutter ohnehin zum Spielen auf den Hof. "Der Junge muß an die frische Luft!" Auf dem Hof fuhr ich mit meinem Dreirad auf und ab, spielte mit meinem Ball, schaufelte im Sandkasten den Sand in Eimer und Förmchen und machte mit Wasser schönen "Kallamatsch". Hin und wieder fuhr ich an die Zäune, wenn ich Kinderstimmen hörte und rief: "Kinder, kommt doch und spielt mit mir!" Lange Zeit waren meine Rufe ohne Wirkung verhallt. Bis eines Tages ...

Auf dem Nachbarhof des inzwischen erbauten Eckhauses Karl-Kraut-Straße sah ich unverhofft einen Jungen mit seinem Ball spielen. Auch er entdeckte mich, hielt inne, sah mich aufmerksam an und lächelte einladend. Freudig fuhr ich mit meinem Dreirad an den Zaun heran. Er lächelte weiter, warf plötzlich mit leichtem Schwung einen harten Gegenstand über den Zaun und traf mich damit schmerzhaft am Kopf. Ich war vielzusehr überrascht, als daß ich eine Reaktion gezeigt hätte. Habe ich doch vorher so etwas noch nie erlebt. Als ich so hilflos dastand, schien ihm zu dämmern, daß er zu weit gegangen war. Er zeigte mir, wie man zu ihm auf den Hof gelangen konnte, indem man auf das Geländer der zur Waschküche führenden Treppe stieg und dann über den Zaun kletterte. Dies tat ich trotz der eben gemachten Erfahrung, und er bot mir auch sogleich an, mit ihm zu spielen. Er führte mich in den Keller seines Hauses und wies mich auf einige dort stehende Schaufensterpuppen hin, die, wie ich später erfuhr, dem Modesalon Thies an der Podbi gehörten. Dies seien wunderbare, eben richtige, Puppen zum Spielen, sagte er, und gemeinsam schleppten wir eine Puppe auf den Hof. Und nun begann etwas, was mich in höchstes Erstaunen versetzte. Der Junge, er hieß Ingolf, warf die Puppe auf den betonierten Boden des Hofes, hüpfte und trampelte auf ihr herum, riß sie hoch, warf sie wieder hin und brachte ihre Gliedmaßen in die extremsten Stellungen. Dabei schimpfte er laut, lachte hin und wieder voller Genugtuung. Ich war fasziniert. Doch plötzlich wurde irgendwo im Hause ein Fenster geöffnet und eine Frauenstimme schrie: "Wollt ihr wohl sofort damit aufhören, sonst sage ich es euren Müttern!" Ingolf war nicht sehr beeindruckt, schien es aber doch für besser zu halten, mit mir die Puppe wieder in den Keller zu schleppen und sie dort aufzustellen. Aber er tat dies natürlich nicht einfach so. Er streckte einen Arm der Puppe waagerecht aus und plazierte sie so geschickt hinter einer Ecke, daß ein eiliger Kellerbesucher unversehens mit dem Kopf gegen den Arm der Puppe stoßen und sich gehörig erschrecken mußte.

Wie man sich denken kann, erfreute sich Ingolf bei den Hausbewohnern nicht gerade uneingeschränkter Beliebtheit ob seiner Streiche. Aber ich sollte ihn näher kennenlernen und erfahren, daß er ein zurückhaltender Mensch war, eher sanft, verträumt und mit einer großartigen Phantasie ausgestattet.

Bald trat noch ein anderer Junge in mein Leben. Er hieß Karl-Heinz Hundertmark und war der Sohn des Besitzers des Nebenhauses. Es muß erwähnt werden, daß die drei gleichartig gebauten Häuser in der Mitte der kleinen Straße einem Familienclan gehörten. Zwei Brüdern und einer Schwester war jeweils ein Haus überschrieben worden.

Wir wohnten im mittleren. Karl-Heinz war drei Jahre älter und wirkte sehr besonnen und vernünftig. Vermutlich hatte man ihm aufgetragen, dem neuen Jungen die Eingewöhnung zu erleichtern und sich um ihn zu kümmern. Diese Aufgabe nahm Karl-Heinz, der später nur noch Kalli genannt werden sollte, sehr ernst. Er spielte mit mir im Sandkasten, baute Burgen und zeigte mir den großen Garten, der seiner Familie gehörte. Dieser Garten hatte einen großen Bestand an Obstbäumen, die teilweise bis in die Höhen der zweiten Hausetagen gewachsen waren. Herrlich schmeckten die Butterbirnen, von denen wir manchmal welche geschenkt bekamen. Karl-Heinz klärte mich auf, welche Familien wo wohnten, wer nett zu Kindern war und nannte mir die Leute, mit denen sich ein Kind nicht so sehr befassen sollte. Allmählich ließ sich also alles ganz gut an. Doch nach einiger Zeit stand Karl-Heinz nicht mehr so oft zur Verfügung. Er hatte sein Betätigungsfeld auf die Straße verlagert, wo er mit gleichaltrigen Jungen sicher besser spielen konnte. Es gab aber noch einen anderen Grund. Seine Großmutter, die bei ihm im Hause im zweiten Stock wohnte, eine Witwe, die, wie damals üblich, immer schwarz gekleidet war, litt es nicht, daß fremde Kinder auf dem Hofe spielten.

Häufig erschien sie auf dem Balkon, wies mit ihrer weißen Hand auf die spielenden Kinder und rief mit durchaus kräftiger Stimme: "Fremde Kinder gehören nicht auf den Hof!" Da sie auf die Kinder in der Tat sehr autoritär wirkte, gab es selten Protest. Die fremden Kinder verließen den

Hof, um woanders weiterzuspielen und wünschten der alten Frau auf dem Balkon alles andere, nur nichts Gutes.

Irgendwann war auch ich so weit, auf der Straße mitspielen zu können. Durchfahrverkehr fand kaum statt. Kam mal ein Auto in die Straße, riefen die Kinder warnend: "Ein Auto, ein Auto", und die Kinder gingen zur Seite, ließen das Auto passieren und spielten unbekümmert weiter. Die ganze Straße war ein einziger Spielplatz - wie die meisten Straßen und Plätze Hannovers jener Zeit.

Es war herrlich, Völkerball zu spielen, den Pindopp zu schlagen oder mit Roller, Dreirad, Rollschuhen oder Holländer Wettrennen zu veranstalten. Wenn genügend Kinder versammelt waren, wurde "Kaiser, König, Edelmann" gespielt, oder "Mutter, darf ich verreisen?". Der Hinkelkasten, Himmel und Hölle und das Spielen mit den Dippse-Bohnen machten riesigen Spaß. Die Mädchen bevorzugten das Seilspringen.

Im Sommer fuhr häufig ein Sprengwagen durch die Straße. Das war ein Wagen mit einen großen Wassertank, der hinten links und rechts zwei kleinere Behälter mit Düsenöffnungen hatte, durch die das Wasser mit regulierbarem Druck herausgepreßt wurde und somit die Straße näßte. Es war eine große Gaudi, nebenher zu laufen und sich im Sprühdunst zu erfrischen.

Gegenüber unserem Haus war noch freies Gelände, welches bald bebaut werden sollte. Vorläufig aber war es noch ein Paradies. Hie wurden Höhlen gebaut und Burgen, die mit Kisten möbliert wurden. Zu jener Zeit hatte jeder Junge ein oder mehrere Modellautos Marke Schuco oder Wiking. Die waren ca. 5 - 10 Zentimeter lang, hatten Räder, die sich drehen konnten und das Innere der Karosserie war hohl. Mit diesen Autos wurden regelrechte Rennen veranstaltet. Auf Eisenträgern oder Brettern, die man mit einem einseitigen Podest in eine schiefe Lage gebracht hatte, fanden diese Rennen statt. Einige findige Teilnehmer hatten ihre Wagen mit Wachs oder sogar mit Blei ausgefüllt, um sie schneller zu machen. Natürlich trugen die Wagen auch die Namen berühmter Rennfahrer wie Rosemeyer, Carracciola, Lang, Stuck oder Nuvolari.

Die spielende Kinderschar war bunt zusammengewürfelt. Soziale Unterschiede hatten im Bewußtsein keinen Platz. Die Herkunft eines Spielkameraden oder der Beruf seines Vaters waren ohne Bedeutung. Im Jahre 1933 war die Machtübernahme durch Adolf Hitler erfolgt und die soziale Gleichheit aller Deutschen war erklärtes Regierungsziel. Der deutsche Bauer, der deutsche Beamte, der deutsche Kaufmann: alle waren gleichberechtigt im Ansehen der Person, solange sie nur dem Führer und dem Aufbau des Großdeutschen Reiches dienten, welches nach Ansicht der Führung rundherum einer latenten Bedrohung durch die Nachbarstaaten ausgesetzt war. Wir Kinder merkten von alledem nichts, registrierten auch nicht, daß der Lister Platz mit einem Mal Hugenbergplatz hieß, die Bahnhofstraße Adolf-Hitler-Straße und der Königsworther Platz nunmehr Horst-Wessel-Platz. Unbeirrt und glücklich spielten wir weiter.

Am Listhof gab es einen NSV-Kindergarten (Nationalsozialistische Volkswohlfahrt). Hier sollte ich auf Wunsch meiner Mutter aufgenommen werden und zu ihrer Entlastung den Vormittag verbringen. Einige Jungen und Mädchen aus Nachbarschaft und Bekanntenkreis wurden hier schon betreut, und meine Mutter erhoffte sich dadurch einen guten Bildungseinfluß sowie eine Förderung des Einlebens in eine Gemeinschaft. Ich selbst stand diesem Projekt eher skeptisch gegenüber, machte mir mein Leben - so wie es lief - doch sehr viel Spaß. Da eine Weigerung ohne vorherige Inaugenscheinnahme nicht akzeptiert worden wäre, ging ich an der Hand meiner Mutter dort hin, um angemeldet zu werden. Ein ältliches Fräulein versuchte, meine Sympathie zu erwecken und ich erklärte mich einverstanden, am nächsten Tag zu erscheinen. Es wurde eine Katastrophe. Die gemeinsamen Spiele erschienen mir zu albern, die Lieder, die gesungen wurden, zu dumm. Die ganze Atmosphäre behagte mir nicht. Wieder zu Hause, machte ich das in bewegten Worten meiner Mutter klar und freute mich, daß sie für mich Verständnis aufbrachte und mich von weiteren Besuchen entband. Meine Freunde auf der Straße hatten mich wieder.

Gegenüber wurde nun mit dem weiteren Aufbau von Wohnhäusern begonnen. Die Maurer und der Polier, in kalkweißer Kleidung, hatten auf dem Bauplatz ihren Bauwagen, in dem sie ihre Pausen verbrachten und ihr Essen einnahmen, aber auch bei starkem Regen Unterschlupf suchten. In einigem Abstand daneben war ein kleines Holzhäuschen, in dem sich der sogenannte Donnerbalken befand. Vor dem Hausgrundriß war eine cirka 3 x 3 Meter große Wanne aufgestellt, in der Kalk gelöscht und der Mörtel angerichtet wurde. Der fertige Mörtel wurde in längliche Holzbehälter gefüllt, auf eine Schulter gehoben und auf einer Holzleiter in die Bauhöhe zu den Maurern getragen, wobei eine Hand den Behälter hielt und die andere an der Leiter für sicheren Halt sorgte. Die Steine wurden ebenfalls auf diese Weise nach oben gebracht. Sie waren, je nach Leistungsfähigkeit des Trägers in unterschiedlichen Mengen auf ein Brett gestapelt, das eine sichere Balance erforderte. Alles in allen ein kräfteforderndes, mühseliges Unterfangen.

Die Arbeit am Bau macht durstig und so konnte man beobachten, daß die Maurer immer wieder zwischendurch einen kräftigen Schluck aus der Bierflasche nahmen. Die Flaschen hatten einen Bügelverschluß mit einem Porzellanknopf und einem Gummiring. Aus diesem Verschluß ließ sich unter Zuhilfenahme eines kleinen flachen Holzstückchens ein niedliches Katapult zum Schießen herstellen.

Wir Kinder waren von der Arbeit am Bau sehr beeindruckt und ein phantasiebegabtes Kind schlug eines Tages vor, es den Maurern gleichzutun. So trugen wir, nachdem die Maurer Feierabend gemacht hatten, Steine und Reste der Speis nach oben, um dort weiter zu mauern, wo die Maurer aufgehört hatten. Uns wurde bald klar, daß unser Werk nicht so perfekte Ergebnisse brachte wie bei den Maurern, hatten wir doch weder Wasserwaage noch andere Werkzeuge. Auch hatten wir nicht den sicheren Blick, die Steine geradlinig auf Lücke zu zementieren. Trotzdem waren wir mit unserem Werk zufrieden. Aus Freude über das gelungene Pensum pinkelten einige von uns in die geleerten Bierflaschen und stellten sie wieder zurück in den Kasten. Bei der Vorstellung, die Maurer würden unsere Pipi für Bier halten, kriegten wir uns vor Lachen nicht mehr ein.

Vor allem gönnten wir dieses dem Polier, der uns nur zu oft vom Bau verjagt hatte und den wir seines roten Gesichts wegen nur Glühwürmchen nannten. Natürlich hatte er recht, uns zu verjagen, schon um Gefahren zu vermeiden. Im Innern wußten wir das.

Die Maurer schienen mit unserer Tätigkeit nicht so zufrieden und einverstanden zu sein - und so passierte es eines Feierabends, daß ein Schupo (Schutzpolizist) erschien, die ganze Kinderschar festnahm und abführte. Er schob sein Fahrrad und marschierte mit dem sonderbaren Trupp durch die Karl-Kraut-Straße, rechts um die Ecke in den Wittekamp, dann links rum in die Bessemerstraße bis an die Ecke Hammersteinstraße. Hier befand sich das Polizeirevier. Die Kinder mußten sich in eine Ecke stellen und warteten auf die Dinge, die da kommen sollten. Der leitende Beamte war sichtlich irritiert und ratlos über das, was ihm sein Kollege da hereingebracht hatte, und so verging die Zeit, ohne daß etwas passierte. Einige Kinder bekamen es nun doch mit der Angst zu tun; irgendwer machte sich auch in die Hose. Plötzlich ging die Tür auf, ein kräftiger, sehr erregter Mann stürmte herein, stemmte beide Arme auf die Brüstung und brüllte den Polizisten an: "Was fällt Ihnen denn ein, so kleine Kinder, von denen einige nicht einmal zur Schule gehen, ohne Benachrichtigung der Eltern mit aufs Revier zu nehmen und dort festzuhalten? Das wird ein Nachspiel haben. Mein Sohn kommt jetzt mit mir mit, und wenn Sie

was von mir wollen, hier haben Sie meinen Namen und meine Adresse!"
Ich hatte sehr schnell mit dem Ruf "Vati, Vati" die kleine Schar verlassen
und die Hand meines Vaters ergriffen, der prompt mit mir das Revier verließ
und nach Hause ging. Wie mir erzählt wurde, kamen aufgrund des Erschei-
nens meines Vaters die jüngsten Kinder sofort frei, einige ältere jedoch
wurden noch verhört, aber danach ebenfalls nach Hause entlassen. Auf
meinen Vater war ich furchtbar stolz, hatte ich doch gespürt, wie sehr er
mich liebte und wie sehr ich mich auf ihn verlassen konnte.
Nach einigen Tagen war für alle Beteiligten die Angelegenheit vergessen,
und wir spielten wie zuvor - nur daß wir die Tätigkeit des Mauerns ver-
nachlässigten. Der Spaß daran war uns vergangen.

Der Winter kam mit viel Schnee und wir machten uns mit Schlitten und
Schlittschuhen zum "Dreckberg" in den "Lister Alpen". Treffpunkt war
beim Kaufmann Breustedt, Ecke Höfe- und Bothfelder Straße. Kaufmann
Breustedt war dafür bekannt, daß man bei ihm billig Schnaps kaufen
konnte, den er aus großen Glasbehältern selbst abfüllte. Wir marschierten die Bothfelder Straße entlang bis zum Listholze, wo wir links einbogen, an der Gaststätte von "Schorse" Butterbrodt vorbei, Richtung Holz-
wiesen. Schon jetzt konnte man den Dreckberg rechts von der Straße liegen sehen, gleich an der Gasanstalt "List". Der kleine Berg war durch eine
ständige Müllaufschüttung entstanden. Der Magistrat von Hannover hatte
einige Bauern aus der Umgebung beauftragt, den in der List entstandenen Müll mit ihren Wagen, die von Traktoren gezogen wurden, aufzunehmen und auf dem Dreckberg zu lagern. Für die Bauern Gosewisch,
Biester und Timme war das ganz sicher ein ganz gutes Zubrot.
Auf diesem Dreckberg gab es mehrere Rodelbahnen mit verschiedenen
Schnelligkeits- und Gefährlichkeitsgraden, ganz anders als die sanften
und kurzen Abfahrten am Rand der Eilenriede auf den verschneiten Fuß-
gängerwegen. Die künstlich angelegte Rodelbahn jenseits der Lister Turm
- Zoo Chaussee war zwar breiter und wunderschön gelegen, aber sie war
nun mal nicht so abenteuerlich wie die auf dem Dreckberg. Vorwiegend
wurden Holzschlitten benutzt. Man hielt sie sich vor den Bauch, machte
einen Anlauf, knallte den Schlitten auf den Boden und warf sich bäuch-
lings drauf. So brauste man los, mit den Füßen durch Bremswirkung
lenkend. Einige wenige Kinder hatten schon einen lenkbaren Bobschlit-
ten; für die Zeit eine teure Ausnahme. Etliche Kinder hatten noch einen
altmodischen Schlitten, ziemlich hoch, mit einem eisernen Kufengestell,
auf das ein zweifach ovales Brett geschraubt war. Im Volksmund hieß
dieser "Lokusdeckel", er war für Abfahrten nicht geeignet.

An dieser Stelle sollte auf die Kleidung der Kinder eingegangen werden. Sie war naturgemäß starker Abnutzung ausgesetzt und dementsprechend robust und preiswert. Vorwiegend war sie recht schlicht und modische Varianten waren äußerst spärlich. Sie wurde geflickt und gestopft. Hauptsache, sie war sauber. Die großen Jungen trugen im Winter häufig dunkle Trainingsanzüge, dicke Wollsocken derbe Schuhe und kratzende Pullover. Auf den Kopf setzte man die praktische Baskenmütze, die man über die Ohren ziehen konnte. So eine Baskenmütze hatte man in mehreren Farbvarianten verfügbar.

Der Frisur machte das gar nichts aus, denn wer nicht einen normalen Scheitel rechts oder links trug, hatte entweder einen total geschorenen Kopf oder nur hinten geschoren und vorne einen Pony. Letztere Frisur nannte man "Glatze mit Vorgarten". Eine große Auswahl an Kleidung gab es, wie gesagt also nicht, und so sahen sich die Kinder irgendwie immer sehr ähnlich.

Eines der schrecklichsten Kleidungsstücke für Jungen war das Leibchen, eine Art Büstenhalter, der die Brust warm hielt und mit Strumpfbändern versehen war, an denen dicke, warme Wollstrümpfe befestigt waren. Darüber wurden dann Hemd und Hosen getragen, kurz oder lang. Außer Trainings- oder Skihosen gab es keine Auswahl. Auch für das als mädchenhaft empfundene Leibchen gab es keine Alternative.

Im Sommer war es mit der Kleidung einfacher. Ein Unterhemd, darüber ein buntes Hemd oder eine Bluse, auch ein leichter Pullover genügten allemal. Dazu Unterhose und kurze Hose aus Stoff, Samt oder Leder. Die Lederhosen waren teurer, aber auch sehr beliebt. Sie waren robust, brauchten wenig Pflege und sahen ganz niedlich aus. Anstelle eines Hosenschlitzes gab es eine breite Klappe, die man oben am Bauch über zwei Knöpfe öffnete und wieder schloß. An der Seite war eine kleine Seitentasche für ein kleines Messer, das ein jeder Junge haben mußte, und wenn man es auch nur zum "Landstechen" benutzte. Gehalten wurde die Lederhose durch einen Hosenträger. Zwei flache, gürtelbreite Lederriemen, die über die Schulter führten und vor der Brust durch ein ebensolches Lederstück verbunden waren. Gute Hosenträger hatten in der Mitte dieses Verbindungsstücks ein kleines Fenster, hinter dem ein getrocknetes Edelweiß sichtbar war oder ein kleines geschnitztes Ornament aus Hirschhorn. An den Füßen trugen die Jungen im Sommer meistens Sandalen, die sogenannten "Jesuslatschen".

Sorglos verbrachten die Kinder die Zeit mit den mannigfaltigsten Spielen. Hatte eines Hunger, so rief es: "Mutter, bitte ein Butter", und die Mutter warf aus dem Fenster ein großzügig bestrichenes Butterbrot her-

unter, in Pergamentpapier gewickelt. Daran tat man sich gütlich und gab auch dem Spielfreund ab. Teilen war selbstverständlich. Wer hatte, gab auch ab; sonst "blutete ja dem Anderen das Herz". Wenn wir nur miteinander in unserer kleinen Straße spielen konnten, waren wir zufrieden und glücklich. Natürlich hatten wir Wünsche, aber wir wußten auch, daß sie nicht immer erfüllbar waren. Auch ich hatte so einen innigen Herzenswunsch, der nicht leicht zu erfüllen war, war er doch mit einem für damalige Verhältnisse nicht gerade geringen Kostenaufwand verbunden. Ich hätte so gern einen Tretroller gehabt. So ein Tretroller oder auch Wipproller war das Non plus ultra unter den Fortbewegungsmitteln für Kinder. Da es heutzutage ein solches Gefährt nicht mehr gibt, muß ich es ein wenig beschreiben. Man stelle sich einen größeren Roller vor, mit Speichenrädern und Vollgummireifen. Das Chassis blau, die Felgen in leuchtendem Gelb. Auf der normalen Fußtrittfläche war ein zusätzliches Trittbrett befestigt, auf welches man sich mit beiden Füßen hintereinander stellte und durch wippende Tritte bewegte. Dieser mechanische Antrieb wurde über ein waagerechtes Zahngestänge auf einen Zahnkranz am hinteren Rad übertragen. Also ein richtiger Hinterradantrieb. Je kräftiger und schneller man zutrat, desto schneller bewegte sich das Gefährt vorwärts. Man kriegte, wie wir passend sagten, "einen richtigen Zahn drauf". Ein Freilauf sorgte dafür, daß bei gewonnener Geschwindigkeit der Roller noch lange gute Fahrt machte, ohne daß man außer Lenken noch etwas anderes tat. Wie gesagt, ein solcher Roller war ein großer Herzenswunsch von mir, an dessen Erfüllung ich vorerst nicht zu denken wagte. Aber eines guten Tages passierte es nun, daß mein Vater zu mir sagte: "Ich habe am Hugenbergplatz (Lister Platz) etwas zu erledigen, da könntest Du mich eigentlich begleiten." Weil mein Vater ein talentierter Erzähler war und ich ihm immer gern zuhörte - er erzählte mir am liebsten das Märchen vom großen und kleinen Klaus - machte ich mich mit ihm gleich freudig auf den Weg. Beim Gastwirt Sämmer vorbei. Für einen Wirt war Herr Sämmer ein etwas wortkarger Mann, aber ihm haftete der Ruf an, sein Bier besonders gut zu pflegen. So hatte er ein sehr gutes "außer Haus" Geschäft. Bekannt waren seine "Siphons", in denen man das Bier frisch nach Hause brachte.
Es ging also an Sämmer vorbei, ebenso an der Schlachterei von Herrn Rösch, der deutlich sichtbar seine eigenen Produkte sehr schätzte. Vorbei auch am Schreibwarengeschäft Reichert mit dem großen Werbespruch im Fenster: "Schreibste mir, schreibste ihr, schreibste auf MK-Papier." (Max Krause). Nebenan bei Honigbaum gab es alles, was man an technischen Kleinigkeiten im Haushalt brauchte, angefangen bei Taschenlampenbatterien über Glühlampen bis hin zu Staubsaugern undsoweiter. Ein paar

Schritte weiter hatte Frau Tanke ihren kleinen Weißwarenladen. Hier deckten vornehmlich die Frauen ihren Bedarf an Nähgarn, Taschentüchern, Tischdecken, Handschuhen, Strickwolle und anderen typischen weiblichen Utensilien. Ein Haus weiter war praktischerweise eine Annahmestelle der Färberei und Reinigung Stichweh und noch ein paar Meter weiter lockten auch schon die appetitanregenden Düfte aus der Bäckerei Schrader, Ecke Schleidenstraße. Diese passierten wir nun auf dem Weg zum Hugenbergplatz, kamen an der Schlosserei Dörges vorbei, an der Drogerie Grimpe und hielten einen Augenblick inne, um uns die alte Pferdetränke anzusehen, die an der Einmündung der Liebigstraße stand. Sie bestand aus einer in Brusthöhe befindlichen runden Schale, die durch einen in der Mitte befindlichen kleinen Springbrunnen stetig mit Wasser versorgt wurde. Das überlaufende Wasser tropfte in eine zweite Schale knapp über dem Boden, aus der sich Vögel, aber auch Hunde, ausgiebig zur Erfrischung versorgten. Jenseits der Liebig- und Waldstraße, die an ihrer Einmündung in die Podbi einen kleinen Platz bildeten, befand sich die urgemütliche Kneipe von Otto Scherff, Podbi 343. Auch mein Vater ging gelegentlich dorthin und berichtete von schönen Stunden der Unterhaltung. Auf dem weiteren Wege, hinter der Rühmkorffstraße, gab es eine besonders für Kinder interessante Attraktion: die Feuerwache. Bei geöffneten Flügeltüren konnte man die blitzblanken, roten Löschwagen der Feuerwehr bestaunen. Manchmal hatte man sogar das Glück, sie beim Ausfahren zu beobachten, wenn sie mit den Männern in den großen Schutzhelmen einem gefährlichen Einsatz zustreb-

Der heißersehnte Tretroller

ten. Eine zweite Attraktion befand sich gleich daneben; Bahlsen's Keksfabrik. Je nach Jahreszeit wehten hier die köstlichsten Düfte frischer Backwaren in die Umgebung und in die Nasen der Passanten. Schon im Herbst
duftete es nach Weihnachtsgebäck, das auf Vorrat produziert wurde und
den Menschen einen Vorgeschmack auf künftige Genüsse gab. So mancher, der hier vorbeikam, konnte nicht widerstehen und kaufte für ein paar
Pfennige eine große Tüte Bruchkeks, der frischer nicht sein konnte - er war
halt nur nicht verpackungsfähig. War man im Gebäude, konnte man durch
große Fenster die fleißigen Frauen sehen, die in sauberes Weiß gekleidet,
mit adretten weißen Häubchen auf den Köpfen am Fließband saßen und
die heranrollenden Kekse nach dem vorgegebenen System in die Schach-
teln packten.

Wieder auf der Straße, waren wir gleich am Hugenbergplatz. Hier ging
es sehr lebhaft zu, mündeten doch gleich sechs Straßen in diesen Ver-
kehrsknotenpunkt. Die große Verkehrsader Podbielskistraße endete hier
und wurde mit der Celler Straße und der Alten Celler Heerstraße zum
lärmenden Engpaß, der bis zum Bahnhof führte. Das schrille Klingeln
der Straßenbahnen und ihr Quietschen in den Biegungen, der Motorenlärm der Lastwagen, die auf dem Pflaster entlangrumpelten und das Hupen
der Autofahrer sowie das Geklingel der vielen Radfahrer vereinigten
sich zu einer lautstarken Kakophonie, sehr zum Mißvergnügen der An-
wohner, bei denen auch schon mal die Kaffeetassen auf dem Tisch schep-
perten, wenn ein größeres Gefährt vorbeifuhr.

Außer der Podbi mündeten noch die Jakobistraße, mit dem beliebten
Eissalon Panciera - kurz Panci genannt -, die Ferdinand-Wallbrecht-Stra-
ße, die Oskar-Winter-Straße und die Bödekerstraße in den Hugenbergplatz.
Hier fuhr auch die Straßenbahnlinie 2 im innerstädtischen Rundverkehr die
Bödekerstraße und die Celler Straße entlang. Man konnte am Hugenbergplatz
einsteigen, eine Stadtrundfahrt machen - am Welfenplatz vorbei - und am
Ende hier wieder aussteigen.

Wir aber gingen in die Celler Straße, wechselten auf die linke Seite,
vorbei an der Filiale der Wülfeler Brotfabrik, der Buchhandlung von
Leonie Konertz, am Natura-Haus, an Schuh-Herold und Gutberlet vorbei, bis wir das Haus Celler Straße 66 erreichten. Hier war *das* Spiel-
paradies für Kinder: "Spielwaren-Kohlmeier", und hier gab es alles,
wovon ein Kinderherz nur träumen konnte. Angefangen von den kleinen Wiking-Schiffsmodellen über Schuco-Autos, Trix-Baukästen,
Mensch-ärgere-Dich-nicht-Spiele, elektrische Eisenbahnen und andere
Fahrzeuge zum Aufziehen, Dreiräder, Roller, Bälle, undsoweiter,
undsoweiter.

Wie zufällig blieb mein Vater vor dem Geschäft stehen und meinte eher beiläufig, wenn man nun schon einmal hier wäre, könne man ja auch mal hineingehen und fragen, was die Sachen denn so kosteten. Also betraten wir den Laden ein paar Stufen hoch, und drinnen betrachtete ich fasziniert die riesige Auswahl an Spielsachen. Mein Vater führte derweil ein Gespräch mit Herrn Kohlmeier und wandte sich anschließend an mich mit der Bemerkung: "Wir haben hier noch einiges zu besprechen und Herr Kohlmeier meint, Du könntest Dir einen Tretroller ausleihen und so lange damit fahren, bis wir fertig sind." Zielstrebig wies ich auf den für mich schönsten Tretroller, der etwas schwerer war als die anderen Modelle und auch dickere Vollgummireifen hatte. Leider war er, wie sich herausstellte, auch der teuerste. Wenn ich mich recht erinnere, kostete er 38 Reichsmark. Herr Kohlmeier trug mir den Roller vor die Tür und sagte: "Du kannst ja mal bis zum Hugenbergplatz fahren, kommst dann zurück und gibst den Roller wieder ab, dann weißt Du, ob er Dir gefällt und Du damit umgehen kannst." Hochbeglückt sauste ich mit dem Roller los, ein paarmal zwischen Kohlmeiers Laden und dem Hugenbergplatz hin und her und dachte mit wachsender Wehmut daran, ihn wieder hergeben zu müssen. Als ich schließlich zu diesem Zweck vor dem Laden haltmachte, stand mein Vater schon da und fragte, ob ich mit dem Roller zufrieden sei. Als ich diese Frage heftig bejahte, meinte er, dann wäre es wohl das Beste, wenn ich ihn gleich behielte und damit nach Hause führe, um ihn der Mutter zu zeigen. Es dauerte eine ganze Weile bis ich verstand, dann aber brach ein Jubelschrei über meine Lippen, daß ein paar Passanten erschrocken zu uns herüberschauten, und ich fuhr mit vollem Zahn davon, ohne mich auch nur einmal umzusehen. Ohne zu halten fuhr ich bis in unsere kleine Straße, um stolz den neuen Roller meinen Spielgefährten zu zeigen, die ihn natürlich gleich ausprobieren wollten. Das mochte ich aber nicht zulassen, und so fuhr ich selbst erst ein paarmal mit Höchstgeschwindigkeit um unseren Häuserblock. Ein paar Frauen, die ich offenbar erschreckt hatte, schimpften laut hinter mir her über die Rücksichtslosigkeit dieses Bengels.

Irgendwann dämmerte es mir, daß mein guter Vater noch auf dem Weg nach Hause war, und ich mich bei ihm noch nicht einmal richtig bedankt hätte. So fuhr ich ihm eilig entgegen. Bei Honigbaum traf ich ihn, bedankte mich etwas schuldbewußt, aber als ich sein verschmitztes Lächeln sah, wußte ich, daß alles in Ordnung war, und er sich selbst über seine gelungene Überraschung freute.

Einmal im Monat kam Frau Gleiche zu uns, die Frau eines Postbeamten, der in der Abteilung meines Vaters arbeitete. Sie kam ganz aus Linden, aus der Charlottenstraße, um meiner Mutter im Haushalt zu helfen. Ich hatte Frau Gleiche schnell ins Herz geschlossen und liebte sie inniglich. Sie mochte mich auch sehr und erzählte mir schöne Geschichten, während sie eine Handarbeit verrichtete. Sie brachte mir das Lied "Jung Siegfried war ein stolzer Knab'" mit allen Strophen bei und legte vermutlich bei mir schon den Grundstein für mein späteres Interesse an Balladen und deutschen Heldensagen, und für die Freude am Lesen überhaupt.

Schulzeit

Als ich immer häufiger die Frage hören mußte: "Gehst Du schon zur Schule?", ahnte ich, daß bald ein neuer Abschnitt in meinem Leben beginnen würde. Natürlich wußte ich, daß man mit sechs Jahren in die Schule kam, um Rechnen und Schreiben zu lernen. Denn immer mehr Spielkameraden waren inzwischen Schüler geworden und über diesen Zustand nicht immer glücklich. Ich wußte nur, daß sie mir vormittags beim Spielen fehlten. Meine Mutter schien ziemlich stolz zu sein, als sie mir eines Tages verkündete: "So, Dieter, jetzt kommst Du auch in die Schule, und zwar in die Bürgerschule 25 in der Höfestraße." Die Straße trug ihren Namen zu recht, denn an ihr lagen noch 1936 mehrere Bauernhöfe mit Äckern und Weideland. Die schönen Fachwerkhäuser hatten auf ihren Torbalken kunstvolle Goldinschriften. Sie gaben Auskunft über den Bau des Hauses und seine bisherigen Besitzer. Ein schöner Sinnspruch war ebenso eingraviert und zeugte von Gottvertrauen und Gastfreundschaft.
Meine Begeisterung hielt sich in Grenzen. Die Schule hatte ich noch nie gesehen, sie lag nicht in meinem Spielbereich. Aber offensichtlich war dies alles unabänderlich, und ich bereitete mich schweren Herzens innerlich auf diesen neuen Abschnitt vor.
Als Kind hatte ich schon immer das Gefühl, reifer und erfahrener zu sein als meine gleichaltrigen Gefährten. Das Wort "Vernunft" spielte hierbei eine große Rolle. Wenn irgendjemand sagte: "Der Dieter ist ja schon ein so vernünftiger Junge," erfüllte mich das mit Stolz und ich versuchte umsomehr, durch mein Verhalten diesen Eindruck hervorzurufen.

Das hatte mit Arroganz oder Überheblichkeit nichts zu tun, auch im Nachhinein, denn ich war eher ein schüchterner, auf Ausgleich und Harmonie ausgehender Mensch, der sich sogar schon vor stimmlicher Lautstärke und schmerzlichen Körperberührungen fürchtete.

Die vorhin erwähnte Vernunft brachte mich dazu, meiner Mutter kategorisch klar zu machen, daß es auf dem ersten Schulgang für mich die obligatorische Zuckertüte nicht zu geben brauchte, da sie auf mich eher albern wirke und auch keinen Sinn ergäbe.

Meine Mutter stimmte nach langem Zögern verwundert zu, und so machten wir uns, als der Tag gekommen war, mit den vielen anderen Kindern und Müttern auf den Weg. Aus unserer Straße kommend, in die Karl-Kraut-Straße einbiegend, passierten wir an der Ecke Höfestraße die Kohlenhandlung Bunk. Auf dem Kohlenhof arbeiteten mit schwarzen Gesichtern die Kohlenträger. Sie schaufelten den Koks von einer großen Halde auf eine riesige Waage, und wenn diese sich neigte, ließen sie den Koks, indem sie die Waage kippten, in einen Tragesack gleiten. Ich hätte am liebsten noch eine Weile zugesehen, aber wir mußten weitergehen. Hinter der Liebigstraße und dem Mengendamm machte die Höfestraße eine Biegung nach rechts. Hier befand sich auf der rechten Seite eine Reihe eingeschossiger Häuser von sehr schlichter Bauweise. Am Ende dieser Reihe begann der Schulhof. Die Schule, ein zweigeschossiger dunkelroter Backsteinbau, lag zurückgezogen im Schatten riesiger Laubbäume. Hinter dem Backsteingebäude gab es eine hellgraue langgezogene Baracke, in der sich ebenfalls Klassenräume befanden. Am Ende und im rechten Winkel dazu, stand allein für sich eine große Turnhalle. Der Begriff "Leibesertüchtigung" war derzeit eine weitverbreitete Aufforderung.

Dies alles nahm ich neugierig zur Kenntnis und schwieg dazu. Ich nahm aber auch wahr, daß immer mehr Mütter eintrafen, deren Kinder ohne Ausnahme ihre Zuckertüte mit sichtlichem Stolz und Vergnügen im Arm hielten. Mir wurde nun doch ein wenig seltsam zumute, und ich fühlte mich nicht ganz wohl in meiner Haut. Vernunft hin, Vernunft her, ein Außenseiter mochte ich nun auch nicht sein. Meine gute Mutter hatte wohl alles vorausgeahnt, denn plötzlich hatte sie eine große Zuckertüte in der Hand, die sie mir wortlos in die Arme drückte. Zur Freude der Schüler gab es genau gegenüber der Schule das kleine Ladengeschäft Zöpfchen, in dem man sich für seine paar Pfennige die schönsten Süßigkeiten kaufen konnte, wie Schaumpuppen, am Strang, Lutschestangen, Wundertüten, Liebesperlen, Puffreis, aber auch Schreibhefte und andere

*Der erste
Schultag
1936*

Schulutensilien. Hier hatte meine Mutter vorsorglich meine Zuckertüte bestellt.

Erleichtert ging ich nun mit den anderen Schülern in das für uns vorgesehene Klassenzimmer und setzte mich auf einen Platz in der zweisitzigen Schulbank mit dem aufklappbaren Pultdeckel und dem Tintenfaß in der Leiste. Die Leiste diente auch als Ablage für Griffel, Bleistift und Federhalter. Kaum ein Mensch, der je zur Schule ging, wird den Anblick seines ersten Klassenzimmers vergessen und auch nicht den typischen Geruch nach Terpentin und Bohnerwachs, mit dem die Holzbohlen des Fußbodens gereinigt und gepflegt wurden. Vorn im Klassenzimmer stand das Lehrerpult, ein Kartenständer und in der Ecke ein großer dunkelgrüner Klassenschrank. In diesem wurden die Schulhefte und Unterrichtsmaterialien aufbewahrt, aber auch die Rohrstöcke, mit denen wir noch so manche schmerzhafte Bekanntschaft machen sollten. An der Stirnwand war die große Wandtafel befestigt - mit ihren zwei nach unten und oben verschiebbaren schwarzen Flächen. Unten waren die Leiste für die Kreide und ein Behälter für den Schwamm.

Die Eltern blieben an der Rückwand des Klassenzimmers stehen und hörten dem kleinen Vortrag des Rektors, Herrn Murtfeld, zu, der uns unseren Klassenlehrer, Herrn Hulecke, vorstellte. Herr Hulecke war ein noch sehr junger Lehrer, gut und gütig aussehend, der bald unsere Herzen erobern sollte. Wer im Raum vermochte schon zu ahnen, daß er noch drei Jahre zu leben hatte. 1939 zu Kriegsbeginn eingezogen, fiel er bald darauf an der Front.

Nach ein paar Wochen im Altgebäude wurde unsere Klasse in die Barakke verlegt und der Unterricht machte uns viel Spaß. Jeder Schüler hatte einen Tornister aus Leder, der auf dem Rücken getragen wurde und eine Brottasche, die an einem Riemen über die Schulter gehängt wurde. Im Tornister befanden sich eine Schiefertafel, ein Griffelkasten und ein Reinigungsschwämmchen. In einer Dose in der Brottasche befand sich das von der Mutter liebevoll belegte Schulbrot, das in der Pause verzehrt wurde. Zur weiteren Ausstattung gehörte auch der Turnbeutel, den man immer mitnehmen mußte, wenn "Turnen" auf dem Stundenplan stand. In dem Turnbeutel hatten die Turnschuhe zu sein, ein Turnhemd, weiß, eine Turnhose, schwarz, als auch ein Stück Seife und ein Waschlappen. Beim Schreiben wurde zuerst noch die deutsche Schrift gelehrt, aber schon bald wurde auf die lateinische Schrift übergegangen und die Schiefertafel durch Schreib- und Rechenheft ersetzt. Auch ein Malblock der Firma Schlöpcke und ein Malkasten mit vielen Farbstiften von Pelikan gehörten zur Ausrüstung. Beide Firmen hatten ihren Sitz in Hannover. Das Lesen und das Schreiben fielen mir recht leicht, mit dem Rechnen tat ich mich etwas schwerer. Das Turnen machte mir am meisten Spaß. Ich war gelenkig und kräftig genug, die Turnübungen an Reck, Barren, Kletterseil und Ringen zur Zufriedenheit des Turnlehrers vorzuführen. Ohne durch besondere Leistungen aufzufallen, erledigte ich das Hoch- und Weitsprungprogramm sowie den 50-Meter-Lauf und den Weitwurf mit dem Schlagball. Wir alle aber liebten das Brennballspiel, an das ich mich später immer erinnerte, wenn von Baseball die Rede war.

Die Lehrerinnen und Lehrer, die wir in den enddreißiger Jahren hatten, waren durchaus so, wie sie in der Literatur beschrieben wurden. Überwiegend waren sie freundlich und von dem Wunsch beseelt, den Kindern etwas fürs Leben mitzugeben. Aber manche waren schlimmer als ihre eigenen Karikaturen. Wir Kinder hatten den uns anerzogenen Respekt vor älteren Menschen mit in die Schule gebracht und mußten die Erfahrung machen, daß uns dieser Respekt auch Schaden zufügen konnte.

Ein gewisses Gefühl der Wehrlosigkeit und des Ausgeliefertseins erfaßte uns, als wir erleben mußten, daß außer unseren Eltern nun auch andere, fremde Menschen in unser Leben eingreifen, bestimmen, ja, und uns auch schlagen durften. Lehrer Heucke hatte einen Bestand von Rohrstöcken verschiedener Dicke, mit denen er einigen von uns schon bei geringen Anlässen wie Nichtruhigsitzen, Schwatzen undsoweiter kräftig welche überzog. Kein Wunder, daß wir sehr folgsam waren und sich die Prügel dadurch in Grenzen hielten. Die dünnen Stöcke schmerzten übrigens am meisten.

Die ersten Jahre der Bürgerschulzeit verliefen ohne besondere Höhepunkte. Jährlich gab es ein Schulfest auf der großen Wiese mit den üblichen Vergnügungen wie Sackhüpfen, Wettlaufen, bei dem man auf einem Löffel ein Ei heil ins Ziel bringen mußte. Ich fand solche Dinge zwar ziemlich albern, hatte aber doch den Ehrgeiz, bei den Wettspielen gut abzuschneiden, nur, um meiner Mutter einen Grund zu geben, auf mich stolz zu sein. Leider machte mir in einem Jahr ein Kleidungsstück, was damals sehr in Mode war, einen Strich durch die Rechnung und mich sehr wütend auf meine Mutter. Sie wollte, daß ihr Sohn, den sie ohnehin für sehr hübsch hielt, stets gut gekleidet war und hatte ihm einen Kieler Matrosenanzug gekauft. Ich trug dieses Ding nur ungern, weil es auf der Haut furchtbar kratzte und ich die Bluse, die man über den Kopf ziehen mußte, kaum ohne fremde Hilfe an- und ausziehen konnte. Der Schnürverschluß war sinnigerweise im Rückenteil. Bei einem Wettbewerb wurde nun gefordert, laufend ein Ziel zu erreichen, sich dort eines Kleidungsstücks zu entledigen, zum Start zurück und dort dasselbe, wieder weiter bis man nur noch das Turnzeug anhatte und dann ging die Sache wieder zurück. Ich hatte eine gute Zeit beim Laufen herausgeholt, bekam aber unter dem Gelächter der Zuschauer meine Bluse nicht über den Kopf und verlor darüber kostbare Zeit, bis mir jemand zu Hilfe eilte und half. Natürlich lief ich das Rennen zu Ende und wurde Letzter. Meine Mutter würdigte ich keines Blickes und ich habe noch tagelang unter dieser Schmach gelitten.

Auch in manch anderen Dingen verlief nicht immer alles nach Wunsch. In den Pausen hielten wir uns bei trockenem Wetter meist auf dem Schulhof auf und aßen unsere Butterbrote. Wir Jungen unterhielten uns oder schauten den Mädchen zu, die - viel geselliger als wir - gruppenweise spielten.

Ein Spiel spielten sie besonders gern. Ein Mädchen stellte sich an die Hauswand, die anderen postierten sich ihm gegenüber und begannen im Gleichschritt und untergehakt auf das Mädchen zuzugehen, blieben eng vor ihm stehen und gingen, immer noch dem Mädchen zugewandt, zurück, um das Ganze wieder von vorn zu beginnen. Dazu sangen sie ein Lied von Liebe und vom Liebsten und nannten zum Schluß einen Jungennamen. Das Mädchen, das mit diesem Namen in Verbindung gebracht wurde, verstand diese Anspielung auf seine Zuneigung, wechselte, oft mit hochrotem Kopf, auf die andere Seite und machte dort weiter. Wir Jungen waren begierig, zu erfahren, welches Mädchen wem von uns zugeneigt war, gab es doch auch unsererseits so etwas wie eine unerklärbare Zuneigung zu einem bestimmten Mädchen, das unsere Gefühle ansprach. So hoffte auch ich, daß mein Name bei einem dieser Mädchen fallen würde. Sollte das eventuell sogar bei Ursel Wittkopp oder Erika Käbitz der Fall sein, hätte ich glücklicher nicht sein können. So schlug mein Herz jedesmal in sehnlicher Erwartung höher, wenn diese beiden Mädchen an der Reihe waren. Nur mußte ich wieder einmal die Erfahrung machen, daß Wünsche nicht immer in Erfüllung gehen. Um offen zu sein: mein Name fiel überhaupt nicht, ja nicht einmal bei denen, die mir eher gleichgültig waren. Um keine Selbstzweifel aufkommen zu lassen, sagte ich mir, daß meine Zeit wohl erst noch kommen würde. Später würde ich es ihnen schon zeigen.

Auch als Schüler war mir die liebste Beschäftigung das Spielen mit den Spielgefährten aus der Nachbarschaft und unser Aktionsradius wurde naturgemäß immer größer.

In jener Zeit fand jährlich in Hannover als internationale Attraktion das Eilenriederennen statt. Es war ein Rennen für Motorräder, solo und mit Beiwagen. 1925 war das erste Rennen gefahren worden; die Veranstaltung hatte sich im Laufe der Jahre zu einem sportlichen Höhepunkt entwickelt. Große Zuschauermengen machten das Ganze zu einem Volksfest. Die Strecke war 4,8 km lang und verlief vom Lister Turm die Waldchaussee entlang zum Zoo, von da zum Steuerndieb und wieder zum Lister Turm. Um die Strecke wurde weiträumig ein Zaun gezogen und in größeren Abständen wurden Eintrittstore und Kassenhäuschen eingerichtet, an denen man seinen Eintritt bezahlte, um an den Rand der Chaussee zu gelangen. Hier nahm man den Stehplatz ein und sah die Rennfahrer in Sekundenschnelle vorüberflitzen. Etliche Besucher hatten sich schlauerweise Klappstühle mitgebracht.

Wir Kinder machten uns einen Jux daraus, heimlich und von den Ordnern unbemerkt über den Zaun zu steigen und das Vergnügen kostenlos zu genießen. Der Motorenlärm und der nicht einmal unangenehme Geruch verbrannten Rizinusöls, das als zusätzliches Schmiermittel verwendet wurde, übten auf uns eine magische Faszination aus. Wenn dann auch noch unsere Favoriten wie Gall, Petruschke, Wünsche, Fleischmann und Kluge an uns vorüberrasten, in Leder vermummt und nur an den Startnummern erkennbar, schlugen unsere Herzen höher. Lange hinterher erzählten wir uns noch von den Ereignissen, die wir erlebt und gesehen hatten; zum Beispiel von dem Beifahrer, der sich so weit aus seinem Beiwagen herausgelehnt hatte, daß sein Gesäß am Boden schleifte und nach der zweiten Runde sein blanker Hintern zu sehen war.

Kino

Ein anderes Ereignis sollte mir ebenfalls stark erinnerlich bleiben. Der erste Kinobesuch. Wie kam es dazu? In den enddreißiger Jahren gab es in Deutschland für Mädchen nach der Schulzeit das sogenannte Pflichtjahr. In diesem Jahr mußten die Mädchen die Aufgaben und Pflichten einer Frau in praxi kennenlernen und in einem Familienhaushalt die entsprechenden Aufgaben verrichten. Auch bei uns erschien eines Tages ein Mädchen, um sein Pflichtjahr abzuleisten. Das Mädchen hieß Jutta Braunschweig und kam aus Bassum bei Bremen. Jutta war nicht nur ein freundliches, adrettes und arbeitsames Mädchen, Jutta war auch ausgesprochen hübsch. Trotz meines kindlichen Alters entwickelte ich richtige Liebesgefühle für dieses Mädchen und versuchte, so oft als möglich, ihm nahe zu sein. Jutta, zum ersten Male fort von zu Hause, lebte sich schnell bei uns ein und fühlte sich wohl. Das lag auch daran, daß meine Eltern sehr lieb zu ihr waren und ihr viel freie Hand ließen, mit mir zu spielen. Eines Tages bat sie meine Eltern um Erlaubnis, ins Kino zu gehen - sie würde mich auch gern mitnehmen. So kam es, daß wir mit ihrem Rad losfuhren. Ich hinten auf dem Gepäckträger, mich mit beiden Armen an ihr festhaltend, ging es die Podbi entlang über den Hugenbergplatz und dann rechts rein in die Bürgerstraße. Hier war es nun, das "Luna".
Sonntags 14.00 Uhr Jugendvorstellung. Dreißig Pfennig auf allen Plätzen. Es war ratsam, früh genug da zu sein, um nicht in den ersten Reihen Platz nehmen zu müssen, wo man den Kopf so recken mußte, daß man ein stei-

fes Genick bekam. Der Volksmund nannte diese Plätze "Rasierplätze". Die Plätze auf den Seitenbalkons waren auch nicht besser, denn von diesen Plätzen sah man die handelnden Schauspieler nur als schmale, langgezogene und unproportionale Figuren.

Es war sehr aufregend, das Geräusch der sich lebhaft unterhaltenden Kinder, das Knistern des Bonbonpapiers und das Gescharre mit den Schuhen zu hören, während man gebannt auf den roten Vorhang starrte, der die Leinwand noch verdeckte. Die Wartezeit schien endlos bis doch noch der Gong ertönte, die Saalbeleuchtung langsam erlosch und eine gebannte, erwartungsvolle Stille eintrat.

Heute gab es den Film "Kinderarzt Dr. Engel", ein Film mit allen gefühlvollen Höhen und Tiefen. Ich freute mich, ich litt mit, und zum Schluß war ich froh und erleichtert, daß alles ein gutes Ende genommen hatte.

So ein Filmerlebnis war eine ganz neue Erfahrung, und voller Ehrfurcht merkte man sich die Namen der großen Darsteller, die unerreichbar in einer

Das "Palastkino"

39

anderen Welt zu leben schienen. Von nun an ging ich häufiger ins Kino. In Hannover gab es 23 Kinos, oder, wie sie auch genannt wurden, Lichtspielhäuser. Bevorzugt von mir und meinen Freunden wurde das "Luna". Es lag so schön nahe und hatte ein vielfältiges Angebot. Andere Kinos bevorzugten ein bestimmtes Genre. Das "Adler" an der Podbi 92, bei Bartels Ruh gegenüber vom Spannhagen-Garten bot viel ausländische Filme an. Hier sah ich die ersten Dick-und-Doof-Filme und die von mir noch mehr geschätzten Filme mit Pat und Patachon. Außerdem wurden hier die spannenden Cowboyfilme gezeigt.

Der große Held für die Kinder war Harry Piel, der in seinen Filmen für das Gute kämpfte und mit wilden Tieren gut Freund war. Er ließ sich bei seinen gefährlichen Auftritten angeblich nicht doubeln. Später amüsierte ich mich köstlich über das Gespann Hans Moser und Theo Lingen in "Sieben Jahre Pech" und "Sieben Jahre Glück". Der Film "Frau Luna" mit Lizzy Waldmüller, Theo Lingen und Paul Kempf ist mir unvergessen. Noch einiges später hatten es mir die spannenden Kriminalfilme angetan, mit Rudolf Fernau ("Der Vierte kommt nicht", "Dr. Crippen an Bord") und Ferdinand Marian, die meistens die Gauner spielen mußten, während René Deltgen mit seinem charakteristischen Schnurrbart auf die Rolle des Kriminalkommissars festgelegt war.

Bei dem Film "Krach um Jolanthe" verliebte ich mich prompt in Marianne Hoppe, die ich heute noch verehrungswürdig finde und für eine der größten Darstellerinnen der deutschen Bühne und des deutschen Films halte.

In der Goethestraße gab es neben zwei anderen Kinos das "Biotophon". Es war sehr klein und schmal. Der Volksmund nannte es deswegen auch das "Püttjofon" oder "das schmale Handtuch". Hier wurden die Filme von morgens bis abends am laufenden Band vorgeführt, am Ende des Films nur von einer kurzen Pause unterbrochen, in der das Licht anging. Die Platzanweiser kontrollierten dann, ob nicht einige Müßiggänger unberechtigt, das heißt ohne Nachzahlung den Film nochmals sehen wollten. Bei kaltem Wetter sorgte ein riesiger Ofen für angenehme Wärme, und so mancher Gast war nur deswegen dort, um ein kleines Nickerchen zu machen oder auch seinen Rausch auszuschlafen. Das Publikum war nicht gerade vom Feinsten, aber ruhig und friedlich. Vorwiegend wurden in "Biotophon" Abenteuerfilme gezeigt. Ich erinnere mich noch an "Brand auf dem Ozean".

Im Sommer gingen wir natürlich weniger ins Kino, dafür an heißen Tagen in das Lister Bad, kurz "Lister" genannt. Es lag direkt am Mittellandkanal und hatte vermutlich dasselbe Wasser. Es hatte drei Becken und einen Sprungturm von zehn Metern Höhe. Um es gleich zu sagen: ich bin nie von da oben heruntergesprungen, nur ein paarmal von den nächst niedrigeren. In kleinen Trupps machten wir uns auf den Weg, mütterlicherseits wohl versehen mit belegten Broten und einer Flasche, gefüllt mit kaltem Zitronentee.

Es ging die Höfestraße entlang, recht hinein in die Tannenbergallee, an den Nordringkasernen vorbei über den Kanal. Von der Kanalbrücke konnten wir schon das fröhliche Treiben im "Lister" hören und sehen. Kanal und Schwimmbad waren nur durch einen weißen Holzsteg voneinander getrennt. Ich stand gern auf dem Steg, wie viele andere Kinder auch, und beobachtete die Schiffe, die hautnah an mir vorüberfuhren. Die Menschen auf den Schiffen winkten uns freundlich zu, und wir winkten ebenso zurück.

Wir lagerten in kleinen Gruppen auf der großen grünen Liegewiese, unterhielten uns, spielten mit einem aufgeblasenen Wasserball mit der Aufschrift "Nivea", und immer, wenn uns zu heiß geworden war, sprangen wir ins Wasser und tummelten uns so lange herum, bis wir blaue Lippen hatten und bibberten. Auf dem Nachhauseweg machten wir oft bei Honigbaum in der Höfestraße halt und derjenige, der noch etwas Geld hatte, kaufte eine Flasche Afri-Cola, die von Mund zu Mund ging. Coca-Cola gab es zwar auch schon, am Hirtenweg 4 war eine Niederlassung mit einer Abfüllerei, aber wir bevorzugten die deutsche Version. Das Erfrischungsgetränk zu Hause war denkbar simpel. Kaltes Leitungswasser, ein Teelöffel Kaisernatron und einen Schuß Essig. Das schäumte ungemein und erfrischte auch. Außerdem war es extrem billig. Natürlich hatten die Hausfrauen auch Sirup eingekocht, und so gab es an heißen Tagen auch Himbeersaft, der natürlich noch etwas besser schmeckte.

Im November 1937 wurde meine Schwester Uta geboren und mir wurde von den Eltern klargemacht, daß auch ich für sie eine gewisse Verantwortung mittrüge und immer auf sie aufpassen müsse. Zunächst verursachte sie mir keine große Mühe, da meine Mutter ihre Pflicht sehr ernst nahm und sich ihr hingebungsvoll widmete.

Im Hannoverschen Zoo

Inzwischen hatte ich eine neue Attraktion entdeckt: den Hannoverschen Zoo, gegründet 1865. Quer durch die Eilenriede bis zum Lister Turm - Zoochaussee links abgebogen, am Ulanendenkmal vorbei bis zu dem großen Sockel mit dem Wisent darauf, waren es ungefähr dreißig Minuten Fußweges, die ich brauchte, um vor dem Eingang zu stehen.

Bisher hatte ich große Tiere nur in Bilderbüchern und Spielfilmen gesehen, kannte sie auch schon recht gut. Aber so ein zoologischer Garten war doch etwas ganz anderes. Die Atmosphäre, der Geruch, die Tierlaute und die einzigartige Architektur der Gebäude, in denen die Tiere lebten, übten auf mich eine große Faszination aus.

Besonders das kleine Schlangenhaus hatte es mir angetan. Es war ein ockerfarbenen eingeschossiger Rundbau mit einem Besucherstandplatz in der Mitte. Rundherum an der Wand reihten sich die Käfige mit den gefährlichen, meist nur träge daliegenden Reptilien aneinander. Ein leichter Schauer erfüllte mich, wenn ich sie züngelnd sich bewegen sah, oder an einer Körperwölbung bemerkte, daß sie vor kurzem ein Beutetier lebend verschlungen hatten. Der Bärenzwinger ziemlich nah am Eingang war eine interessante Konstruktion mit hohen Bögen und Höhlen, wogegen das Affenhaus recht einfallslos konzipiert war. Im Winter, wenn die Affen in den beheizten Innenkäfigen blieben, herrschte im Affenhaus ein infernalischer Gestank, und viele Zoobesucher verzichteten auf den Eintritt in das Gebäude. Erst wenn die Affen bei wärmerer Witterung in den Außenkäfigen waren, war es angenehm und unterhaltsam, sie bei ihrem äffischen Treiben zu beobachten, die Mandrills, Rhesusaffen, Makaken, Meerkatzen und sogar die Orangs. Die Paviane hatten ihr eigenes Freigehege mit Felsen und Höhlen. Hier lebten sie als hierarchisch geordnete Herde ziemlich ungezügelt und ungeniert ihr Leben, sehr zum Vergnügen der zahlreichen Zuschauer. Der von Tucholsky erwähnte rote Faden spielte hierbei eine nicht unbedeutende Rolle.

Zwischen den regelmäßigen Zoobesuchern und einigen Tieren entwickelte sich häufig eine richtige Beziehung. Beim Anblick bestimmter Besucher gebärdeten sich die Tiere wie verrückt, bis der Besucher endlich die Hand ans Gitter reichte, die das Tier dann zärtlich ergriff, und erlaubte Naschereien entgegennahm. Ein Wolläffchen war beim Publikum besonders beliebt. Es hieß Ernstchen und hatte einen Trick drauf, aus dem Käfig zu entweichen - sehr zur Freude der Besucher und zum gespielten Ärger der Wärter. Ernstchen war fast handzahm und kehrte immer wieder freiwillig in den Käfig zurück, wenn es draußen genug herumgeturnt hatte. Mit einer Jahreskarte ausgerüstet ging ich entsprechend oft in den Zoo, der immer wieder ganz besondere und seltene Tiere beherbergte. Das hing damit zusammen, daß die Firma L. Ruhe, die den zoologischen Garten übernommen hatte, gleichzeitig auch der Welt größte Tierhandlung war. Nach einer Quarantänezeit in Alfeld an der Leine kamen die frisch gefangenen Tiere in den hannoverschen Zoo, wo sie so lange verblieben, bis sie an andere Zoos verkauft wurden. So habe ich hier einen Gorilla gesehen, der nach Berlin verkauft wurde, und etliche der erst in diesem Jahrhundert (1901) entdeckten geheimnisvollen Okapis. Der Wärter, der sie betreute, erzählte mir von der Sorge, daß während seiner Pflege eines dieser kostbaren Tiere erkranken würde oder gar stürbe.

Durch meine häufigen Besuche war ich einigen Tierpflegern bekannt geworden. Sie fanden mein Interesse an ihrer Arbeit und an den Tieren sympathisch und beantworteten mir gern meine eingehenden Fragen. Ein Pfleger schenkte mir sogar eines Tages eine große, wunderbar glänzende Pfauenfeder, die er dem Tier, das er unter dem Arm trug, in meinem Beisein mit einem Ruck herausriß.

Der Hannoversche Zoo

Manchmal setzte ich mich nach dem Zoobesuch noch in den kleinen Garten der Zoogaststätte an der Ludendorffstraße - er hatte nur ein paar Tische - und trank eine Waldmeisterbrause. Die Brause war in einer grünen Flasche, in deren gewölbten Hals eine kleine Glaskugel rollte. Möglicherweise sollte sie verhindern, daß bei geöffneter Flasche die Kohlensäure entwich, und die Trinkflüssigkeit schal wurde. Gegenüber der winzigen Gaststätte, aber schon in der Hindenburgstraße befand sich die Hanebuthbank. Die Bank erinnerte an den Räuber Hanebuth, der um 1652 in Hannover und weiterer Umgebung sein Unwesen trieb. Neunzehn Morde und zehn Diebstähle wurden ihm zur Last gelegt. 1653 wurde er verurteilt und am Steintor gerädert. Hermann Löns erwähnt ihn ebenfalls in seinem Buch "Der Wehrwolf", das die Lage der niedersächsischen Bauern im Dreißigjährigen Krieg beschreibt.

Erste Freundschaften

In der Schule machte ich Fortschritte, erbrachte gute Leistungen, blieb aber alles in allem ein unauffälliger Schüler. Ich war kein Überflieger wie Carl-Hermann Schulz, der wegen seiner extrem guten Leistungen außer der Reihe eine Klasse weiter versetzt wurde. Später sollte er die Arztpraxis seines Vaters, der unser Hausarzt war, in der Richard-Wagner-Straße übernehmen.

Die Klassengemeinschaft brachte es mit sich, daß die Schüler sich näher kennenlernten. Sie machten die Erfahrung, daß jeder so seine eigene Art hatte, und zwangsläufig ergaben sich daraus Sympathien oder auch Antipathien, die sie durchaus schon empfanden.

So freute ich mich immer, wenn ich auf dem Schulweg in der Höfestraße meinen Mitschüler Horst Scherzer traf, der am Immengarten wohnte. Er hatte schlohweiße Haare und konnte wunderbare Geschichten von Geistern in alten Schlössern erzählen, die er mit einer blühenden Phantasie immer wieder neu erfand. Das beeindruckte mich so stark, daß ich versuchte, es ihm gleichzutun. So entwickelten wir in unterhaltsamem Wettbewerb unsere Fähigkeit, durch spannend gemachtes Vortragen das Interesse von Zuhörern zu wecken. Der gemeinsame Freund, Werner Beutler, der ebenfalls am Immengarten wohnte und ein eher zurückhaltender Junge war, mochte, auch auf noch so drängendes Fragen, nicht beurteilen, wer von uns der bessere Erzähler mit den besseren Geschichten wäre.

Auf dem Rückweg von der Schule ging manchmal ein Junge mit uns, der an der Liebigstraße abbog, um nach einem kurzen Stück auf dem Wittekamp in die Bessemerstraße zu gelangen, wo er im Haus Nummer 13 wohnte. Er war der einzige in seiner Klasse, der eine Brille trug und dadurch leider auch häufig Zielpunkt für anzügliche und herabsetzende Frozzeleien war. Dieser Junge hatte ein fröhliches Wesen, schaute freundlich in die Welt, und konnte so herzhaft aus der Kehle heraus lachen, daß man ständig in Versuchung geriet, ihm etwas Lustiges zu erzählen, nur damit er lachte. In derselben Straße wohnte auch unser Klassenlehrer, Herr Hulecke. Dieser nun beauftragte ihn hin und wieder, die Schulhefte mit unseren gerade geschriebenen Klassenarbeiten zwecks Durchsicht und Zensierung nach Hause zu tragen. Ein Zeichen großen Vertrauens also. Aus einer gewissen Neugier heraus begleitete ich eines Tages meinen Klassenkameraden auf dem Nachhauseweg. Als wir in die Bessemerstraße einbogen fiel mir gleich auf, wie schön diese Straße war. Das machten die Ebereschen mit ihrem lebhaften Grün. Die Häuser wirkten so ruhig und fest, als wären sie gebaut, nur um Schutz und Geborgenheit zu bieten.
Nachdem wir die Hefte bei der Frau unseres Klassenlehrers abgegeben hatten, gingen wir ein Stück zurück bis zu dem Haus, in dem er wohnte. Hier fragte er mich plötzlich: "Möchtest Du mal meine Spielsachen sehen?" "Ja gern, aber wie heißt Du eigentlich?" In der Schule wurden wir nur mit dem Nachnamen angeredet, so daß wir oft voneinander nur den Nachnamen, aber nicht den Vornamen wußten. "Ich heiße Gerhard Schultze", antwortete er, und fügte hinzu, "mit tz." Beim Treppensteigen nannte ich ihm meinen Vornamen und damit waren die Formalitäten für uns erledigt. Seine Mutter, eine Frau mit blondem Haar und wohlwollendem Blick in den blauen Augen, schien sich zu freuen, daß ihr Sohn einen Spielkameraden aus seiner Klasse mit nach Hause brachte.
Sie servierte uns gleich eine Limonade, die sie in einem Kühlschrank auf dem Flur gekühlt aufbewahrt hatte. Ich staunte nicht schlecht. Ein Kühlschrank in einem normalen Familienhaushalt, das gab's doch kaum. Jedenfalls hatte ich einen solchen Luxus in einer Wohnung vorher noch nie gesehen, kannte ich doch nur die Kühlkisten, in die das Eis von der Firma Heuweg geschüttet wurde. Zum Staunen gab es noch mehr Anlässe.

Schultzes hatten auch ein Telefon, ein großes Radio und im Wohnzimmer wunderschöne schwere und dunkle Möbel.*

Eine weitere Überraschung war der Aufzug. Öffnete man auf dem Wohnungsflur in Hüfthöhe eine Tür, konnte man in einen dunklen Schacht blicken, der bis in den Keller führte. Links und rechts befand sich jeweils ein dickes Tau. Je nach dem, an welchem man zog, konnte man damit den Aufzug nach oben oder unten in Bewegung setzen. In der Regel wurden auch die bereits erwähnten Kohlenschütter nach oben transportiert, aber auch Bündelholz, Eingemachtes, oder auch nur schwere Lasten aus Einkäufen fanden auf diese bequeme Art und Weise den Weg nach oben. Klar, daß wir uns gegenseitig auch selbst beförderten, obwohl es uns natürlich verboten worden war.

Nach diesen Erfahrungen war es für mich nur selbstverständlich, daß Gerhard über ein großzügiges Sortiment an Spielsachen verfügte. Besonders beeindruckend war für mich das Luftgewehr, mit dem man Federbolzen oder auch sogenannte Diabolokugeln verschießen konnte. Den Höhepunkt aber bildete das Kasperltheater, dessen Bühnenöffnung man mit einer Lampe beleuchten konnte. In der Weihnachtszeit sollte ich noch einen anderen Höhepunkt kennenlernen: eine elektrische Eisenbahn, Spur 1. Diese tolle Einrichtung stand aus Platzgründen allerdings unten im Haus in der Wohnung seiner Großeltern.

An diesem Tag jedoch beendeten wir nach der ersten Inaugenscheinnahme unsere Begegnung, da die Geräusche aus der Küche unmißverständlich anzeigten, daß die Einnahme des Mittagsmahls kurz bevorstand. Meine Mutter hatte mir immer wieder eindringlich eingeschärft: "Wenn Du woanders die Teller klappern hörst, mußt Du gehen!. Und so ging ich dann.

Diese Begegnung war der Anfang einer Freundschaft, die noch heute - nach 60 Jahren - festen Bestand hat.

Von nun an spielten wir häufiger gemeinsam Kasperltheater, machten Schießübungen, wobei wir schon mal die Puppen von Gerhards jüngerer Schwester Christa gemeinerweise als Ziel benutzten. Aber nur ein paarmal, denn Christa beschwerte sich mit Recht bei ihrer Mutter, die uns auf eindringliche Weise klarmachte, daß wir mit dem Blödsinn aufzuhören hatten.

Wir lasen uns gegenseitig Märchen und Geschichten vor, saßen aber auch in einem Zimmer und jeder las für sich. Am liebsten mochten wir die Märchen der Brüder Grimm und die Märchen von Wilhelm Hauff. Besonders gern ließ ich mich aber auch von dem Buch "Die deutschen Heldensagen" von Friedrich Blunck mit den Illustrationen von Arthur Kampf in eine

* Genau diese Wohnzimmereinrichtung ist in ihrer Gesamtheit in einer Dauerausstellung des Historischen Museums in Hannover zu sehen.

andere Welt entführen. Die Gudrunsage konnte ich fast wörtlich vortragen.

Einige Male fuhren Gerhard und ich in die Stadt zur Goseriede in das Anzeiger-Hochhaus, wo es mit dem Fahrstuhl ganz nach oben ging, bis zum Planetarium. Das Anzeiger-Hochhaus, ein imposanter Bau des Architekten Professor Fritz Höger, der auch das berühmte Chile-Haus in Hamburg entworfen hatte, war unter großem Aufsehen im Jahre 1928 eingeweiht worden. Ganz oben in dieser geheimnisvollen Kuppel tagte der "Magische Zirkel" und die großen Könner der Magie zeigten ihre Kunst. Gerhard hatte über seinen Vater Freikarten bekommen. Kein Wunder, daß wir nach einem solchen Besuch unseren Zauberkasten wieder hervorholten, und uns damit beschäftigten.

Immer mehr Dinge machten wir gemeinsam. Zu unseren Geburtstagen luden wir uns gegenseitig ein. Sie verliefen immer noch so, wie bereits geschildert, nur daß es bei Schultzes immer noch zusätzlich köstliches Eis gab, welches die Mutter mittels des Kühlschrankes eigenhändig zubereitet hatte. Für Dezember ein ungewohnter Genuß. Gewöhnlich wurde Eis im Sommer gegessen. Durch die Straßen fuhren die Eisverkäufer mit ihrem Fahrrad, mit einem kastenförmigen Anhänger daran, in dem unter blitzenden Hauben das Eis kalt aufbewahrt wurde. Sie kündigten sich durch das Schwingen einer lauttönenden Glocke an und riefen: "Eis, Speiseeis, Vanille, Himbeer und Schoko!" Je nach finanzieller Verfügbarkeit kaufte man sich: ein Eis im Waffelschiffchen für 5 ch (Pfennig), ein Eis zwischen zwei Waffeln für 10 ch, oder ein Eis in der Waffeltüte.

Ein paar Jahre später gingen wir, wenn wir Appetit auf Eis und auch noch Geld dafür hatten, entweder zu Panciera (wir sprachen nur von "Panci"), ein Eiscafé am Hugenbergplatz, Jakobistraße 1A, oder zur Konditorei Wolf, gleich in der Nähe, Bödekerstraße 57. Das Eis bei Wolf schmeckte mir besser, da es cremiger war. Soviel zum Thema "Speiseeis" in jenen Tagen.

Gerhard und ich verstanden uns immer besser und versuchten, so oft als möglich, zusammenzusein. Zu meinem Leidwesen waren die Möglichkeiten am Wochenende stark eingeschränkt, denn Gerhard hatte Pflichten. Seine Großeltern bewohnten in demselben Haus die Parterrewohnung. Sein Großvater, Paul Schultze, hatte in Linden, in der Fössestraße 3 ein Großtankstelle und einen Mineralölgroßhandel gegründet und inzwischen seinem Sohn übergeben. Gerhards Großmutter, eine zierliche Frau mit klugen, freundlichen Augen hinter einer Brille mit schmalem Goldrand, litt unter rheumatoider Arthritis. Sie konnte nicht gehen und verbrachte den Tag im Rollstuhl. Es war nun Gerhard zur Pflicht geworden, seine

Großmutter so oft als möglich an der frischen Luft spazieren zu fahren, vorwiegend in der Eilenriede. Das bedeutete natürlich eine merkbare Einengung seiner Freizeit und Einschränkung seines Umgangs mit den Freunden. Während er den Rollstuhl schob, ging er nicht gerade zimperlich mit der alten Dame um. So überschritt er schon mal die normale Gehgeschwindigkeit und übte sich dazu in Kurventechnik. Seine Großmutter nahm dies alles sehr gelassen.

Sonntags bekam er dafür die Belohnung. Dann fuhr die gesamte Familie Schultze jr. mit dem Auto ins Grüne. Dieses Auto, ein Buick, war damals wie heute eine Seltenheit und prachtvoll anzusehen. Später war es ein Opel Super 6, der ihnen das Vergnügen des Ausflugs verschaffte.

Das ganz normale Leben

Wir hatten kein Auto. In unserer kleinen Straße gab es, wie schon erwähnt, gerade sieben Exemplare. Daher wurde bei uns am Sonntag, wie bei so vielen Familien, der Spaziergang gepflegt. Meistens ging es in die Eilenriede mit anschließendem Zoobesuch, oder wir marschierten zum Steuerndieb, wo in dem gemütlichen Gartenlokal ein Berliner Weiße mit Schuß getrunken wurde. Ich bekam immer ein Malzbier, das mir gut schmeckte und auch gesund sein sollte, wurde es doch auch stillenden Müttern zur Stärkung empfohlen.

Auch der Lister Turm war ein beliebtes Ausflugsziel. Der damalige Inhaber, Carl Stöter, war ein guter Freund meiner Eltern und schenkte mir fast jedes Mal Freikarten für ein kleines Kinderkarussell, welches sich neben dem Cafégarten drehte. Auch eine Schießbude gab es, in der man auf aufgestellte, flache Blechfiguren schoß. Traf man das Ziel in Form einer an der Figur angebrachten Kelle, fing der Trommler zu trommeln an, der Kaspar Purzelbaum zu schlagen, und die anderen Figuren die ihnen zugeordnete Tätigkeit geräuschvoll auszuüben.

Hin und wieder war im Lister Turm Tanz. Während sich die Erwachsenen auf der Tanzfläche im Garten mehr oder weniger elegant zu den Klängen des Orchesters bewegten, saß ich am Rande der Tanzfläche und sah fasziniert den Musikern bei ihrer Tätigkeit zu.

An manchen Sonntagen war vormittags Militärkonzert. Ein sehr beliebtes Ereignis. Die schmissige Musik begeisterte mich, und ich wartete hingerissen auf den Moment, in dem oben im Gebäude ein kleines Fenster aufging, und ein Soldat ein feierliches Trompetensolo blies. Er erntete stets großen Beifall der zahlreichen Besucher, und ich wünschte mir im Stillen, so etwas auch einmal zu können.

Der Gasthof "Vier Grenzen"

War das Wetter an einem Sonntag mal nicht so schön, was ja in Hannover häufiger vorkam, ging mein Vater allein in die Eilenriede, um anschließend bei Karl Uelze im Gasthaus "Vier Grenzen" einzukehren, ein fast historisches Gasthaus und früher ein Ausspann. Gegen zwölf Uhr durfte ich dann meinen Vater vom Frühschoppen abholen, und das tat ich mit Begeisterung.

Die Gaststätte war in einem roten Backsteinbau. Über eine Doppeltreppe an der Frontseite gelangte man in einen kleinen Vorraum, in dem man links durch eine Tür in den Gesellschaftsraum geführt wurde. Hier wurden Vereinsversammlungen, Familienfeiern und Tagungen jeglicher Art abgehalten. Durch die rechte Tür gelangte man in das Gastzimmer. Wegen der kleinen Fenster wirkte es etwas dunkel, war aber bei trautem Lampen-

Der "Vier Grenzen"-Wirt Karl Uelze

schein sehr gemütlich und anheimelnd. Der Dunst von Getränken und Speisen und der Tabakqualm hatten über die Jahre die Holzmöbel, Dielen und Holzwände dunkel gebeizt.

Hier war immer Betrieb. Karl Uelze war sehr beliebt. Ein älterer Mann mit fast kahlem Schädel, großen, freundlichen, blauen Augen und einem Oberlippenbart, dessen Spitzen er immer wieder mit dem Handrücken zur Seite strich. Seine Hände waren groß und wirkten - wie seine Figur - ausgesprochen kräftig. Immerhin war er früher, wie mein Vater mir erzählte, Mitglied eines Athletenclubs gewesen.

Jeder Gast freute sich, wenn er von Karl persönlich mit warmen Worten begrüßt wurde oder wenn Karl sich sogar zu einem kleinen Gespräch zu ihm an den Tisch setzte. Zwischendurch mußte er natürlich am Zapfhahn die Biergläser vollschenken, bedächtig und langsam, wie es sich für ein gepflegtes Bier gehörte. Mit einem elfenbeinfarbenen Schaber wurde ein Teil der Schaumkrone abgestreift, daß weiter gefüllt werden konnte. Zum Schluß wurde das Bier kunstvoll mit einer Schaumhaube versehen und in diesem appetitlichen Zustand dem Gast serviert. Ebenfalls zwischendurch reinigte er die leeren Gläser in einem glitzernden Becken, in das ständig Wasser nachfloß und glucksen im Abfluß verschwand. Er drehte mit flinken Händen, die Ärmel waren aufgekrempelt, die Gläser auf zwei hochgestellten Gummibürsten hin und her, hielt sie gegen das Licht und stellte sie dann auf der Theke ab.

Wenn ich meinen Vater abholte, traf ich ihn meistens an einem Tisch sitzend und mit anderen Gästen in ein Gespräch vertieft. Manchmal spielte er aber auch einen zünftigen Skat mit. Ich setzte mich dann still mit an den Tisch, sah zu und hörte gebannt den Spielern zu. Karl hatte mir inzwischen ein Malzbier serviert und mein Vater sorgte dafür, daß ich dazu noch einen Nappo bekam oder ein kleine, schmale Tafel Schokolade der Marken Mauxion, Sarotti, Trumpf oder Waldbaur.

Bei den Herren am Tisch kam in der Regel schnell Stimmung auf; vor allem, wenn sie zwischendurch Bierlachs oder um eine Runde Schnaps gespielt hatten. Bei "Schierker Feuerstein", "Gilka Kümmel", "Schlichte Steinhäger" oder auch bei einfachem Doppelkorn lockerte sich die hannöversche Zurückhaltung schnell, und die Kommentare zu den Spielrunden wurden immer temperamentvoller.

Wenn man mal austreten mußte, ging man hinten raus, durch einen zweigeteilten, schweren Vorhang führte links eine Tür in die Küche, wo Emma Uelze, die eigentliche Seele des Geschäfts, schwere Küchenarbeit verrichtete. Das Speisenangebot war, wie man sagte, gutbürgerlich. Die Tür geradeaus führte hinaus und man ging eine kleine Treppe hinunter. Nun stand man in einem kleinen Quergang vor einem niedrigen Backsteinbau, in dem zwei grüne Türen mit der Aufschrift "Damen" und "Herren" auf die Möglichkeit der körperlichen Erleichterung hinwiesen. Neben den Toiletten befand sich eine Voliere, in der neben Rebhühnern, Tauben und Wachteln auch zwei prächtige Goldfasane majestätisch auf und abschritten. So nahe hatte ich diese Tiere noch nie gesehen und ich nutzte die Gelegenheit so oft als möglich.

Pünktlich zum Mittagessen waren mein Vater und ich wieder zu Hause.

Ende August, wenn die Bickbeeren reif waren, fuhren ganze Familienverbände, bewaffnet mit kleinen und großen Eimern, in die nähere und weitere Umgebung Hannovers, um das köstliche Obst zu pflücken und auf Vorrat zu sammeln.

Jeder Teilnehmer kannte angeblich eine geheime Stelle, an der besonders viele und große Bickbeeren gediehen. So fuhren auch meine Eltern mit meiner Schwester und mir mit der Straßenbahn Linie 7 zum "Fasanenkrug", wanderten von dort ins Grüne und suchten nach den schmackhaften Beeren. Mein Vater, der archetypisch weder den Jägern noch den Sammlern zuzuordnen war, pflückte zwar ein paar Beeren, steckte sie sich aber gleich genüßlich in den Mund, und ich tat es ihm nach. Großen Ehrgeiz, möglichst viele Beeren mit nach Hause zu bringen, entwickkelten wir also nicht. Nur meine Mutter tat die gepflückten Beeren in ihr kleines Eimerchen, hatte aber offensichtlich auch bald die Nase von der Sammelei ziemlich voll, zumal uns die Sonne inzwischen kräftig zum Schwitzen brachte und unseren Durst weckte. In stiller Übereinstimmung strebten wir dann bald der Gartengaststätte "Fasanenkrug" zu und führten uns Kakao, Kaffee und Kuchen zu Gemüte.

Etwas verlegen wegen unserer leeren Eimer fuhren wir anschließend mit der Bahn wieder nach Hause und ertrugen mit Fassung die mitleidvollen Blicke der erfolgreicheren Sammler. Scheinbar hatten wir eben die richtigen Stellen nicht gewußt.

Es war für mich ohnehin unterhaltsamer, mit meiner Mutter in die Stadt zu fahren und Einkäufe zu machen. Sie traf sich dort mit ihrer engsten Freundin Elschen Schneider, die in der Haltenhoffstraße 18 wohnte. Ihr Mann war Prokurist bei der Spedition Bäte in der Schulzenstraße 10. Ehrgeizig und gut verdienend konnte er seiner Frau einen standesgemäßen Lebensstil ermöglichen. Wie auch immer, die beiden Frauen hatten nach dem damaligen Verständnis ihre Rollenauffassung verinnerlicht, daß der Mann für Sicherheit und Einkommen zu sorgen hatte, und daß sie für den reibungslosen Ablauf der Haushaltsführung und die Kindererziehung zuständig waren.

Wurde das richtig organisiert, blieb genug Zeit für die persönliche Entfaltung und Erfüllung kleiner Wünsche übrig, ohne daß man ein schlechtes Gewissen bekam.

Bevorzugt trafen sich die beiden Freundinnen vormittags in einem Café. Das Lieblingscafé meiner Mutter war das Café Hartmann in der Großen Packhofstraße 3. Hier trank sie den guten Bohnenkaffee und aß dazu zwei halbe Brötchen mit Aufschnitt und Käse. Ihre Freundin Else verkostete lieber eine der hervorragenden Torten. Wegen der Abwechslung gingen sie auch manchmal in das Café Dreher in der Schillerstraße 35, in die Holländische Kakaostube - Friedrich Bartels - in der Ständehausstraße 2 oder in das Café Kreipe in der Adolf-Hitler-Straße 12 (Bahnhofstraße).

Hatten die beiden Freundinnen sich nachmittags verabredet, ging es auch schon mal in die Nachmittagsvorstellung eines Varietés. Kindern war der Zutritt zwar nicht gestattet, aber meine Mutter brachte es trotzdem fertig, mich mitzunehmen, indem sie für sich und ihre Freundin eine Loge bestellte. Die Freundin brachte dann ihre mir fast gleichaltrige Tochter Hannelore mit. Im Varieté "Löwenhof" in der Luisenstraße 5 traten die bestrenommierten Künstler und Artisten auf. Ich kann mich jedoch nur an eine Gesangsgruppe erinnern, und auch nur deshalb, weil die beiden Damen sich nicht einigen konnten, welcher Sänger aus der Gruppe nun der attraktivste sei. Es könnte sich um die "Comedian Harmonists" gehandelt haben, die damals auf dem Höhepunkt ihres Erfolgs waren. Gleichfalls hoch im Kurs standen zu jener Zeit die Komiker Karl Napp und Werner Kroll. Sie waren in den Varietés sehr gefragt und hatten vor allem auch oft im vielgehörten Rundfunk ihre Auftritte. Beide waren sehr beliebt und wurden von Erwachsenen und Kindern gern imitiert. Der Rundfunk war inzwischen fast in jeden Haushalt vorgedrungen. Der berühmte "Volksempfänger" hatte dazu kräftig beigetragen. Wir hatten ein Radio der Marke "Seibt". Vorerst bestand das Programm der einzelnen Sender wie Langenberg oder Leipzig überwiegend aus Musik und Unterhaltungssendungen. Marschmusik, Operettenmusik und Schlager erfreuten sich großer Beliebtheit. Neben den erwähnten Humoristen müssen noch Wilhelm Bendow (Onkel Wilhelm), Ludwig Manfred Lommel mit seinem imaginären Sender Runxendorf als auch die Rheinländer Jupp Hussels und Jupp Schmitz genannt werden. Sonntags vormittags gab es das "Schatzkästlein", und die sanfte, eindringliche Stimme des hervorragenden Schauspielers Mathias Wiemann zog die Hörer unwiderstehlich in ihren Bann, wenn er Balladen vortrug, Geschichten erzählte oder Literatur las.

Das Mellini-Theater

Auch in Hannover wurde die ernste Kunst gepflegt. Das Opernhaus mit seinem Intendanten Professor Krasselt genoß einen guten Ruf. Die Sänger Willi Wissiak, Curt Huxdorf und Willi Schöneweiß waren die Publikumslieblinge der Hannoveraner. Meine Mutter und ihre Freundin hatten ein Abonnement. Die Lieblingsoper meiner Mutter war "Tiefland". Als Frohnatur liebte meine Mutter aber auch die leichte Muse, und dafür war das "Mellini-Theater" in der Artilleriestraße 10 prädestiniert. Hier wurden die beliebten Operetten von Strauß, Lehàr, Millöcker, Zeller, Dostal und anderen aufgeführt. Die Operetten jüdischer Komponisten wie Kàlmàn und Abraham waren allerdings zum Leidwesen vieler Freunde der leichten Muse inzwischen vom Spielplan verschwunden.
Der Zufall wollte es, daß eine entfernte Verwandte, die Nichte meines angeheirateten Onkels, ein Engagement am "Mellini" bekam und sich bald

einer großen Verehrerschar erfreuen konnte. Senta Nicol war eine imposante Bühnenerscheinung, gut aussehend und von hohem Wuchs. Sie bezog mit ihrem Mann, Hans Bergmann, eine Wohnung ganz in der Nähe der Karl-Kraut-Straße 4. Zwischen ihr und meiner Mutter entwickelte sich eine innige Freundschaft, und ich bekam dadurch hin und wieder eine Freikarte für die Kindervorstellung im "Mellini". Ich erinnere mich an die Aufführung "Rübezahl" und an die Aufführung "Schneewittchen". Das Schneewittchen war so schön, daß ich mich regelrecht verliebte und furchtbar eifersüchtig auf den Prinzen war.

Ging man ins Theater, machte man sich "fein". Ging man zu Freunden, machte man sich "fein". Man machte sich überhaupt immer "fein", wenn es sich um gesellschaftliche Dinge handelte. In Hannover gab es etwa 15 Modegeschäfte für Damen und 15 Modegeschäfte für Herren, aber dafür auch 350 Schneiderwerkstätten für Damen und 350 Schneiderwerkstätten für Herren. Man ließ nach Maß arbeiten. Wenn meine Mutter meinte, daß mein Vater wieder einen neuen Mantel oder Anzug bräuchte, ging er zum Schneidermeister Hohnschop in der Liebigstraße 3. Dort suchte er sich Stoff und Muster aus, entschied sich nach dem Studium eines Modejournals für ein Modell und ließ den Meister sein Werk beginnen. Nach mehrfacher Anprobe und, falls nötig, entsprechenden Änderungen, wurde das Ergebnis der Schneiderkunst stolz im Familienkreis vorgeführt und begutachtet. Meine Mutter vertraute nur einer Schneiderin in der Südstadt und ich begleitete sie oft, wenn sie zu Frau Stichert in der Nachtigallstraße 7 fuhr.

Außer Kino und Theater gab es für Kinder, aber auch für Erwachsene, noch eine weitere Attraktion, den Zirkus. Fast jeder schwärmte von der Atmosphäre und den Darbietungen der Artisten. So zog eines Tages auch mein Vater mit mir los zum Zirkus "Sarrasani". Ich fand die Dressurnummern und die Arbeit der Dompteure sehr aufregend und bewunderte die Leistungen der Seilartisten, Jongleure und Kaskadeure. Die ganz große Begeisterung, die heute noch manche Menschen überfällt, wenn sie das Wort "Zirkus" hören, wollte sich bei mir nicht einstellen.
Die dressierten Tiere, wie Elefanten oder Pferde, aber auch die Raubtiere taten mir leid. Noch mehr Mitleid, aber auch Zorn, empfand ich bei den Clowns mit den maskenhaft geschminkten Gesichtern, deren Späße fast nur auf Kosten anderer zustandekamen.
Waren zwergwüchsige Clowns mit überproportional großen Köpfen in der Manege, wirkten ihre Bewegungen zwar sehr drollig, aber ich fragte mich auch gleichzeitig, was sie in ihrem Bewußtsein wohl empfinden wür-

den, vom lieben Gott so ganz anders geschaffen worden zu sein. Im Kreise meiner Spielkameraden kannte ich schon länger einen zwergwüchsigen Jungen, der in der Liebigstraße 20 A wohnte und von uns "Pickel" Eitze genannt wurde. Seine Eltern und seine Schwester waren normalwüchsig. Er mimte damals schon für uns den Clown und schien sogar Spaß daran zu haben, uns mit seinen Einfällen zum Lachen zu bringen. Er soll dann später auch zum Zirkus gegangen sein und durch seinen Beruf viel von der Welt gesehen haben.

Für mich hielt sich der Reiz, der vom Zirkus ausging, in Grenzen. Da ging ich lieber mit meinem Freund Gerhard zum Welfenplatz, wenn dort ein Frühlingsfest oder ein Jahrmarkt stattfand. Bevor wir auf den Rummelplatz gingen, schauten wir noch bei Luise Becker in der Hallerstraße 22 vorbei. Luise Becker war Gerhards Großmutter mütterlicherseits und betrieb mit ihrem Mann eine Fleischerei. Sie freute sich immer über unseren Besuch, gab uns stets ein Stück Wurst auf die Faust, und jedem noch zwanzig Pfennige für den Rummel mit. Auf dem Rummel herrschte der bekannte Lärm, eine Mischung aus Lautsprechermusik, Dröhnen, Quietschen, Hupen und Tuten der Fahrwerkzeuge, Gelächter und Gekreische der Besucher, Orgelmusik und die lauttönenden Reden der Anreißer. Wir fuhren in der Raupe, mit dem Kettenkarussell, saßen auf einem wippenden Holzpferd. Wir kauften uns gebrannte Mandeln und türkischen Honig, der vom Verkäufer mit einem harten Schaber mit kurzen, harten Schlägen von einem großen Stück abgehackt wurde und in Pergamentpapier gelegt wurde. Für Leute mit Zahnfüllungen war der Genuß türkischen Honigs wegen seines kolossalen Haftvermögens kontraindiziert.

Da es außer den erwähnten Unterhaltungsangeboten nicht mehr viel Möglichkeiten gab, wurde die allgemeine Geselligkeit sehr gepflegt. Es gab viele Vereine jedweder Art. In der Karnevalszeit wurde kräftig gefeiert, und Lieder wie "Du kannst nicht treu sein" und "Es war einmal ein treuer Husar" erklangen hier genau so fröhlich wie am Rhein.
In privaten Kreisen wurde jeder Anlaß zu einer Feier freudig genutzt. Man tanzte, unterhielt sich und kam sich näher indem man sich besser kennenlernte. Bei großen festlichen Veranstaltungen schienen sich gesellschaftliche Unterschiede vorübergehend aufzulösen. Der Begriff "Volksgemeinschaft" wurde von der Mehrheit der Bevölkerung aufgenommen und verinnerlicht.
Die kleinen Kneipen - Hannover hatte davon mehr als neunhundert - waren wirklich gemütliche Stätten der Begegnung und Kommunikati-

on. Sie hatten damals sicher ihre beste Zeit. Bekam man nach ein paar Bierchen Appetit, genehmigte man sich aus den "Hungerturm", einer im Tresen befindlichen Kühlabteilung, ein paar Soleier, kalte Koteletts oder einfach ein belegtes Brötchen.

In Hannover gab es etwa fünfzig Restaurants. Doch dorthin ging man eher aus besonderem Anlaß. Ein Essen im Restaurant war immer noch etwas Besonderes.

Ferien in Bad Oeynhausen

Wenn die Ferienzeit gekommen war, setzte in Hannover die große Stadtflucht ein. Nahezu jedes Kind schien eine Oma oder andere nahe Verwandte auf dem Lande zu haben, die es dann besuchte. Auch ich hatte eine Oma, eine liebe sogar. Sie litt, wie die Großmutter meines Freundes Gerhard, ebenfalls unter einer rheumatischen Erkrankung, konnte sich aber zu Hause mit Hilfe eines Stockes gut bewegen und führte den Haushalt ihrer Tochter Adelheid, der Schwester meiner Mutter, und ihres Mannes, meines Onkels Adolf.

Beide hatten in Bad Oeynhausen eine Musikschule aufgebaut, die sich einen guten Namen gemacht hatte und sehr gut frequentiert wurde, vor allem von Schülern aus der höheren Gesellschaftsschicht. Meine Tante Adelheid, die ich später nur noch "Ali" nennen sollte, war in Hannover auf das Konservatorium gegangen und in der Meisterklasse des bekannten Pianisten Walter Gieseking gewesen, bevor sie selbst zunächst Konzertpianistin wurde. Meine Oma, Tante und Onkel bewohnten die untere Etage eines schönen Zweifamilienhauses, das mein inzwischen verstorbener Großvater in der Bessingerstraße 8 hatte bauen lassen. Er war Obergerichtsvollzieher gewesen, hatte recht gut verdient, und meiner Mutter und ihrer Schwester die standesgemäße Erziehung einer "höheren Tochter" ermöglicht.

Dieses schöne Zweifamilienhaus, in der oberen Etage wohnte zurückgezogen ein Pastorenehepaar, war von einem gepflegten Garten umgeben. Vor dem Haus war ein von Moos und Eisgewächsen eingerahmtes Beet mit Rosenstöcken angelegt, und hinter dem Haus standen am hinteren Ende eines kleinen Rasens, drei riesige Kirschbäume.

Schon in den Osterferien fuhr meine Mutter mit mir zur Großmutter, mein Vater kam etwas später nach, und wir bezogen Quartier in den beiden Dachmansarden, die so sehr gemütlich eingerichtet waren. Aus ihren Fenstern hatte man einen weiten, freien Blick über die Landschaft, bis hin zur Lohe, einer kleinen Erhebung.

Oft blühten zur Osterzeit die Mandelbäume, die ebenfalls im Vorgarten standen, wenn ich eifrig am Ostersonntagmorgen nach Ostereiern suchte. Mein Vater fand zu dem schönen Kurort nie so die ganz richtige Einstellung. Er ging gern in dem wunderbaren Kurpark spazieren und genoß die friedvolle Atmosphäre, besonders dann, wenn auch noch das Kurorchester seine flotten Weisen spielte. Und etwas belustigt schaute er den Kurgästen zu, die gemächlich und gravitätisch umherschritten, ein Glas in den Händen haltend, aus dem sie in kleinen Schlucken den für sie bestimmten Brunnen zu sich nahmen. Ungehalten und nervös wurde er nur, wenn er auf einer Bank saß, sich jemand dazu setzte und fragte: "Sind Sie auch zur Kur hier? Was haben Sie denn?" Das passierte ihm häufig und meist stand er schnell auf, murmelte etwas wie: "Ich habe noch etwas zu erledigen, guten Tag!" und strebte davon. Zuviel Leidende mit ihren Geschichten, das war nun mal nicht seine Welt.

Die richtigen Ferien waren für uns natürlich die großen Ferien im Sommer. Meine Eltern trauten mir sehr früh zu, allein mit dem Zug nach Bad Oeynhausen zu fahren, wenn ich nur dort abgeholt werden würde. War die Zeit gekommen, brachte mich meine Mutter zu unserem Hauptbahnhof mit der großen, imposanten Glasüberdachung, und achtete darauf, daß ich auch in den richtigen Zug und in die richtige Wagenklasse einstieg. Die riesige schwarze Lokomotive mit den roten Rädern brachte den Zug, geräuschvoll und rhythmisch dicke weiße Wolken ausstoßend, in Fahrt. Meine Mutter stand winkend auf dem Bahnsteig, und ich winkte so lange zurück, bis ich sie nicht mehr sehen konnte.

Schon nach wenigen Minuten hielt der Zug wieder, Hannover-Hainholz war erreicht, und so ging es weiter über Leinhausen, Letter, Seelze, Dedensen, Wunstorf, Haste und Lindhorst, wo die ersten Bäuerinnen aus dem Schaumburger Land mit ihren Kiepen und Körben einstiegen. Sie trugen die typische Bückeburger Tracht, mehrere schwarze Röcke übereinander, eine rote Schürze und eine hochgesteckte, seltsam geflochtene Frisur. In ihren Kiepen und Körben verwahrten sie die heimischen Produkte wie Eier, Wurst, Obst, Gemüse, Kartoffeln, Honig und Marmelade, die sie auf den Märkten der nächsten größeren Orte feilbieten woll-

ten. Über Stadthagen, Kirchhorsten, Bückeburg und Minden ging es dann weiter. In Porta, zwischen den Bergen, ganz nah an der ruhig fließenden Weser, sah ich staunend hoch zu dem Kaiser-Wilhelm-Denkmal. Nun wußte ich: die nächste Station muß ich aussteigen. Das Ziel war nach fast exakt zwei Stunden erreicht. Auf dem Nordbahnhof Bad Oeynhausen - es gab auch noch einen Südbahnhof - stand schon meine Tante Adelheid, um mich abzuholen. Wir gingen zu Fuß, kehrten aber bei dem Molkereiwarengeschäft Büsching ein, wo ich eine Portion Schlagsahne essen mußte. "Junge, Du siehst ja so blaß aus und bist ja so dünn!"
Ich fühlte mich eigentlich ganz wohl und so marschierten wir bald zielstrebig weiter. Durch die Oeynhauser Schweiz, einem wunderschönen parkähnlichen Laubwald, an einem munter sprudelnden Bach entlang, den man wirklich murmeln hören konnte.
Bei der Wirtschaft Schalck, einem urigen Fachwerkhaus, verließen wir die Oeynhauser Schweiz und befanden uns schon in der Bessingerstraße. Rechts war freies Feld und links standen, hinter ihren zierlichen und gepflegten Vorgärten, die schönen, meist zweistöckigen Häuser, jedes in individueller Weise erbaut.
Meine Großmutter begrüßte uns an der kunstvoll geschmiedeten Eisenpforte und ging mit uns die Rampe hinauf zur Eingangstür.
Treppen waren in der Stadt, die auch "Stöhnhausen" genannt wurde, nicht sinnvoll. War sie doch eine Kurstadt, in der hauptsächlich Rheumakranke ihre Kur machten, in der Hoffnung auf Linderung oder gar Heilung ihres Leidens. Rollstühle, elektrisch betrieben oder auch mechanisch, gehörten zum normalen, täglichen Straßenbild. Daher gab es auch kaum Bürgersteige, und wenn, dann waren sie an den Übergängen abgeflacht.
In den nächsten Tagen spielte ich mit den ansässigen Kindern aus der Nachbarschaft, bis nach und nach auch die anderen Ferienkinder eintrafen, die ich schon von früher kannte, und auf die ich mich schon sehr gefreut hatte. Am meisten freute ich mich auf Werner Weckmüller, der mit seinem Bruder Günter aus der Reichshauptstadt Berlin anreiste, und die Ferien bei seinem Onkel verbrachte. Dieser Onkel hatte eine große Schlosserwerkstatt, gleich um die Ecke. In dieser Werkstatt roch es so herrlich nach Karbid und es ließ sich in ihr so herrlich Verstecken spielen.
Aber auch auf Susi Markgraf freute ich mich, die aus Dessau kam, und bei unserem Nachbarn, Herrn Nietz, ebenfalls Obergerichtsvollzieher wie mein Großvater, wohnte. Susi war ein hübsches Mädchen, lebhaft und voller Ideen, wie man den Tag verbringen könnte. Abends, nach dem Abendessen, durfte ich länger aufbleiben als zu Hause gewohnt und widmete mich der Bibliothek meines Großvaters. Mit besonderer Erlaubnis blätterte ich

gern in der Jubiläumsausgabe des Wilhelm-Busch-Albums. Mit ebenso besonderer Erlaubnis öffnete ich den Grammophonschrank und legte mir Schallplatten auf. Dabei ließ ich mich immer wieder von Heinrich Schlusnus ergreifen, der die Ballade "Die Grenadiere" von Heinrich Heine mit seiner Baritonstimme so klar und verständlich vortrug.

Wie stets, waren die Ferien viel zu früh vorüber, und ich trat die Rückreise an und war am Ende doch wieder froh und glücklich, bei meiner Mutter zu sein.

Kriegszeit

Die Geschehnisse in diesen Jahren gehören zu den eindrucksvollsten in meinem Leben, und sie hatten ohne Zweifel einen prägenden Einfluß auf die Entwicklung meiner Persönlichkeit.

Die Kriegsereignisse, die höhere Schule, die Mitgliedschaft in der Hitler-jugend, die Kinderlandverschickung, die erste Liebe, der Tod eines ge-liebten Menschen, der Hunger, all dieses traf auf einen Menschen, der sich altersmäßig in der sensibelsten Phase seines Lebens befand, Orien-tierung suchte, um zu sich selbst zu finden.

Aus diesem Grund ist meine Erinnerung gerade an diesen Lebensab-schnitt so genau und ausgeprägt, wie an keinen anderen später. Die dy-namischen Ereignisse liefen oft, wenn auch auf anderer Ebene, zeitlich parallel ab. Ich werde versuchen, den Zusammenhang einzelner Geschehn-nisse zum besseren Verständnis nicht auseinanderzureißen. Kleine Zeit-sprünge oder Sprünge in eine andere Lebenserfahrung sind allerdings nicht ganz zu vermeiden.

Das Leben hätte so weitergehen können, wenn nicht die politischen Er-eignisse immer stärkere Einwirkungen auf die Lebensform der Familien zeitigten.

Immer mehr Lebensbereiche wurden von der diktatorischen Politik der NSDAP unter Adolf Hitler beeinflußt und reglementiert. Mein Vater war

1932 mit der Überzeugung in die Nationalsozialistische Deutsche Arbeiterpartei eingetreten, daß nur eine einheitliche Partei unter der Führung einer starken Persönlichkeit Deutschland aus dem Elend der Nachkriegszeit herausholen und zu einem souveränen, international geachteten Staat machen könne. Und auch nur so könne ein Staat seinen Bürgern ein ausreichendes Maß an Arbeitsmöglichkeiten, Sicherheit und sozialen Frieden bieten.

Zu Hause wirkte mein Vater eher unpolitisch und ich kann mich an kein Gespräch politischen Inhalts erinnern. Es entsprach allerdings seiner Art, als Beamter, der seinen Eid auf die Verfassung geleistet hatte, seine Pflichten dem Staat gegenüber treu und gewissenhaft zu erfüllen. In den enddreißiger Jahren hörte ich ihn nur immer häufiger die Befürchtung ausdrücken: "Hoffentlich gibt es keinen Krieg." Als Teilnehmer am ersten Weltkrieg an der vordersten Front, verwundet und in Gefangenschaft geraten, wußte er um die grauenhaften und entsetzlichen Auswirkungen, die ein Krieg mit sich brachte. Er hat nur nie darüber reden können.

Meines Vaters Hoffnung auf eine friedvolle Entwicklung sollte nicht in Erfüllung gehen. Die Welt hatte zugelassen, daß deutsche Truppen am 12. März 1938 in Österreich einmarschierten. Österreich wurde "heim ins Reich" geführt, das nun "Großdeutsches Reich" genannt wurde. Aus Österreich wurde die "Ostmark".

Am 1. Oktober 1938 marschierten deutsche Truppen in das Sudetenland ein und am 29. März 1939 wurde die Tschechoslowakei als "Reichsprotektorat Böhmen und Mähren" annektiert.

Die riesige Sowjetunion schloß unter Stalin 1939 mit dem Deutschen Reich einen Nichtangriffspakt ab. Die Ratlosigkeit unter der deutschen Bevölkerung aufgrund dieses politischen Vorgangs wuchs in eine riesige Dimension. Ein Pakt mit den bisher so diffamierten und verteufelten Kommunisten, was hatte das zu bedeuten? Andererseits schien durch diesen Pakt eine Kriegsgefahr aus dem Osten weitgehend ausgeschlossen.

Doch jetzt kam die Maschinerie der psychologischen Vorbereitung auf größere kriegerische Auseinandersetzungen erst richtig in Gang und lief bald auf vollen Touren. In den Tageszeitungen und Radiosendungen wurde in zunehmendem Maße berichtet, daß sogenannte Volksdeutsche, die im Ausland lebten, wachsender Feindseligkeit ausgesetzt seien. Sie würden diskriminiert, verfolgt und sogar körperlich mißhandelt. Als Schulkinder hatten wir oft für die Volksdeutschen im Ausland (VDA) Geld gesammelt. Wir bekamen kleine Büchsen mit Einstecköffnungen und sprachen jedermann auf eine Spende an. Die Spender bekamen als Anerkennung kleine Plaketten mit Wappen darauf, oder auch Kerzen und gedrechselte kleine Puppen, die gern als Schmuck für den weihnachtlichen Tannenbaum verwendet wurden.

Nicht nur wir Kinder waren über diese Übergriffe auf die Menschen, für die wir sammelten, empört, auch die Erwachsenen fühlten sich solidarisch. Der Wunsch, den Volksdeutschen tatkräftig zu helfen, fand immer mehr Verbreitung.

Und dann erschienen eines Tages Bilder in den Zeitungen und in Wochenschaufilmen, die die "Blutnacht von Bromberg" dokumentieren sollten.

In Bromberg waren "volksdeutsche Menschen", vor allem Kinder auf brutale Weise ermordet worden. Entsetzen, Wut und der Wunsch nach Vergeltung waren die Folge. Jetzt spürte jeder, daß das Schicksal seinen Lauf nahm.

Am 26. August 1939, es war ein sonniger Samstagvormittag, stand ich mit meinem Einkaufskorb bei unserem Kaufmann Friedrich Jütte in der Podbielskistraße 323 neben mehreren einkaufenden Hausfrauen, als von der Straße merkwürdige, immer stärker werdende Geräusche durch die geöffnete Ladentür zu hören waren.

Wir eilten hinaus und bemerkten eine lange Kolonne aus Richtung Buchholz heranmarschierender Soldaten. Marschmusik, Pferdegetrappel und die Motorengeräusche gepanzerter Fahrzeuge verbanden sich zu einer bedrückend wirkenden Kakophonie.

Die Kolonne bewegte sich in Richtung Hauptbahnhof, wo sie vermutlich verladen werden sollte.

Nachdem sich die erste Überraschung gelegt hatte, eilten die Frauen in das Geschäft zurück und kauften im Nu die ganzen Bestände an Schokolade und Zigaretten auf, um diese an die Soldaten zu verteilen. Fast alle Soldaten hielten kleine Blumensträußchen in der Hand. Einige Frauen hatten Tränen in den Augen, als sie den Soldaten ihre bescheidenen Gaben überreichten, und auch die Soldaten machten einen eher gefaßten und ernsten Eindruck. Ein Bild, ganz anders als das, was man vom Auszug der Soldaten im ersten Weltkrieg kannte.

Bereits einen Tag später trat das Rationierungssystem für Lebensmittel und Kleidung in Kraft.

Am 1. September 1939 begann mit dem Einmarsch der deutschen Truppen in Polen und der am 3. September 1939 folgenden Kriegserklärung der Briten und Franzosen der Zweite Weltkrieg.

Als Neunjähriger hat man noch keine Ahnung, was das Wort "Krieg" wirklich bedeutet. Die Bevölkerung wurde informiert, wie man Stabbrandbomben zu bekämpfen habe. Auf jedem Dachboden und in den Treppenhäusern sollten Eimer mit Löschsand stehen. Eimer mit Wasser und Feuerpatschen, mit denen man das Feuer ausschlagen konnte. Auch bekam jeder eine Volksgasmaske. Die Scheinwerfer an den Autos und die Fahrradlampen waren mit Abdeckscheiben zu versehen, in die ein schmaler, waagerecht verlaufender Schlitz eingelassen war. Die Straßenbeleuchtung war abgestellt, und zum gegenseitigen frühen Erkennen von Personen trugen die Menschen phosphoreszierende kleine Plaketten an ihrer Kleidung. Wenn man diese vorher vor eine starke Lichtquelle gehalten hatte, leuchteten sie noch eine ganze Weile.

In der Stadt wurden die ersten Splittergräben ausgehoben und mit dem Bau von Luftschutzbunkern und dem Einrichten von Löschteichen wurde begonnen.

Jedes Haus hatte einen Luftschutzkeller einzurichten, dessen Decke mittels kräftiger Holzstämme abzustützen war. Ebenso war ein Durchbruch in das Nebengebäude einzurichten. Daneben hatten Spitzhacke und andere zweckmäßige Werkzeuge zu liegen, so daß man im Falle einer Verschüttung den Durchbruch öffnen und in das Nebengebäude gelangen konnte. Nach außen hin mußte die Lage des Luftschutzkellers durch große Schriftzeichen "LSR" gekennzeichnet sein, damit Rettungstrupps eventuell nötige Maßnahmen von außen einleiten konnten. Unser Keller schien mir besonders sicher, da der Hausbesitzer, Fritz Hundertmark, mit seinem Bruder einen Zimmereibetrieb leitete, mit guten Materialien nicht gespart hatte. Er hatte sehr dicke Stämme in kürzeren Abständen als vorgeschrieben, sehr fachgerecht plaziert.

Wenn man die Gefahren auf diese Weise abwehren konnte, schien es doch vorerst noch keinen Grund zu ernsthafter Besorgnis zu geben. Außerdem kamen laufend Siegesmeldungen durch das Radio, die durch mehrfaches Abspielen einer eindrucksvollen Sequenz aus der Symphonischen Dichtung Nr. 3 von Franz Liszt angekündigt wurden. Nach dem musikalischen Ankündigungssignal folgte der mit kurzer Betonung vorgetragene Hinweis des Rundfunksprechers: "Wir erwarten in Kürze eine Sondermeldung!" Wer immer diese Ankündigung gehört hatte, hielt sich nur noch im Hörbereich seines Empfängers auf und machte, sofern es möglich war, auch andere Menschen aufmerksam. Schließlich kam die Sondermeldung und so konnte man anschließend wieder seiner Tätigkeit nachgehen.

Die ersten Helden wurden gefeiert, aber es erschienen auch die ersten Todesanzeigen für die im Krieg gefallenen Soldaten in den Tageszeitungen. Diese Anzeigen waren mit dem Eisernen Kreuz besonders gekennzeichnet.

Noch hatte sich in meiner Lebensweise nicht allzuviel geändert. Innerlich bereitete ich mich jedoch auf zwei Ereignisse vor, die nach meinem zehnten Geburtstag stattfinden sollten: der Übergang in die höhere Schule und der Eintritt in die Hitlerjugend.

Doch davor passierte noch etwas, was einen großen Einschnitt in unser Familienleben bedeutete.

Mein Vater wurde zum Postamtmann befördert und nach Potsdam-Babelsberg versetzt. Hier sollte eine zentrale Feldpostsammelstelle eingerichtet werden. Den Soldaten an der Front und in der Etappe sollte die Möglichkeit gegeben werden, zuverlässig postalisch mit den Angehörigen und Freunden in der Heimat in Verbindung zu bleiben. Jeder einzelne Soldat bekam eine codierte Feldpostnummer, da man aus Gründen ausländischer Spionagetätigkeiten weder den Truppenteil, noch den Ort der derzeitigen Stationierung in der Adresse erwähnen durfte. In der Feldpostsammelstelle wurden die Briefe und Päckchen nach dem Code sortiert, damit sie den richtigen Adressaten zugestellt werden konnten. An dieser, für die beteiligten Menschen so wichtigen Aufgabe mitzuarbeiten, war für meinen Vater eine besondere Verpflichtung und Herausforderung. Ziemlich schnell stand die Organisation und funktionierte. Kurz vor Ende des Krieges bekam mein Vater für seine Tätigkeit noch von dem damaligen Reichspostminister Ohnesorge ein persönliches Dankschreiben.

Leider war eine Trennung von der Familie unvermeidlich, und so zog mein Vater nach Babelsberg um und wohnte dort am Schützendamm 47 bei einem Rentnerehepaar in Untermiete. Immerhin konnte er, wenn er wollte, kurzfristig nach Hause fahren, was er anfangs auch häufiger tat.

Meine Beziehung zu ihm war hauptsächlich von Respekt geprägt, und ich fühlte mich bei ihm sicher und geborgen. Meine Mutter hingegen aber liebte ich.

Mein Vater, selbst so erzogen, daß man seine Gefühle zu beherrschen habe und nicht zeigen solle, hatte diese Maxime voll verinnerlicht. Ein Pestalozzi wäre nie aus ihm geworden. Die Natur hatte ihn mit gesunden Stimmbändern ausgestattet, und es genügte ihm durchaus, seine Stimme etwas anzuheben, um mich auf den Weg zu Folgsamkeit und Gehorsam zurückzubringen. Er wurde oft von Hausbewohnern gebeten, auf den Balkon herauszutreten und "Licht aus" zu brüllen, wenn während der Verdunklungszeit aus irgendeinem Fenster unseres Viertels noch ein Lichtschein drang. Die Betroffenen reagierten meist sehr schnell.

So ergab es sich, daß meine Mutter mit ihren beiden Kindern zunächst allein in Hannover verblieb. Aber nicht lange, denn als die ersten Luftangriffe auf deutsche Städte erfolgten, wurde meine Schwester Uta nach Bad Oeynhausen gebracht, wo sie liebevoll von unserer Tante, die selbst kinderlos geblieben war, aufgenommen und aufgezogen wurde. Mir ging es bei meiner Mutter weiterhin gut und ich fühlte mich wohl.

Hitlerjugend

Einige meiner Spielkameraden waren inzwischen in die Hitlerjugend eingetreten, denn seit 1936 war die Mitgliedschaft für Jugendliche Pflicht geworden.

Für Jugendliche von 10 bis 14 Jahren hieß die Organisation "Deutsches Jungvolk" (DJ), für Jugendliche von 14 bis 18 Jahren hieß die Organisation "Hitlerjugend" (HJ). Beim Deutschen Jungvolk wurde nach 6-monatiger Zugehörigkeit die "Pimpfenprobe" abgelegt und nach Bestehen durfte der "Pimpf" ein Fahrtenmesser tragen, auf dessen Klinge die Aufschrift "Blut und Ehre" eingraviert war. Ebenso durfte er von nun an einen ledernen Schulterriemen tragen.
Die Pimpfenprobe war verhältnismäßig leicht zu bestehen. Folgende Leistungen mußten erbracht werden:

Ein 60-Meter-Lauf in 12 Sekunden,
ein Weitsprung von 2,75 Metern,
ein Ballweitwurf von 25 Metern,
ein Tornister (auch "Affe" genannt) mußte vorschriftsmäßig gepackt werden,
eine Teilnahme an einer Gemeinschaftsfahrt mit Übernachtung mußte erfolgt sein,
die Schwertworte der Jungvolkjungen mußten gelernt sein,
Kenntnis des HJ-Fahnenliedes (Vorwärts, vorwärts schmettern die hellen Fanfaren),
Kenntnis des Horst-Wessel-Liedes (Die Fahne hoch) und
Kenntnis wichtiger Daten aus Hitlers Biographie.

Bei Spaziergängen mit meinen Eltern in der Eilenriede hatte ich hin und wieder Jungen in Uniform gesehen, die im Gleichschritt marschierten und dabei ein Lied sangen. Sie machten fröhliche Gesichter und schienen ihren Spaß dabei zu haben.

Einmal ertönte das Kommando "Im Laufschritt" und blitzschnell winkelten alle wie ein Mann die Arme an, und als das Kommando "Marsch, Marsch" kam, fingen alle zugleich an zu laufen. Der Junge, der die Kommandos gab, lief ganz vorne an der Seite und er schrie ganz plötzlich in einem dem Laufschritt angepaßten Rhythmus:

"Zicke, Zacke, Zicke, Zacke" und prompt schrieen alle zurück: "Heu, Heu, Heu", und weiter ging's mit "Zicke, Zacke, Hühnerkacke" - - - "Heu, Heu, Heu." Mit einem Male schrie einer, der hinten an der Seite lief: "Zarah", und die Gruppe rief zurück: "Leander". "BV" - - - "Aral".

Alles lachte und ich empfand durchaus so etwas wie eine freudige Erwartung, bei ihnen mitmachen zu können.

Im Frühjahr 1940 war es dann so weit. Meine Mutter mußte mich bei der HJ-Dienststelle anmelden und bekam einen Zettel mit, auf dem angegeben war, welche Uniformstücke zu besorgen waren. Es gab zwar schon Kleiderkarten mit den entsprechenden Punkten und die Textilien wurden schon knapp, aber für Uniformen gab es noch ein paar zusätzliche Möglichkeiten, und Herr Gräber (Sportgräber) in der Celler Straße 106 hatte in seinem kleinen Laden neben Turnhosen, Turnhemden, Orden und Ehrenzeichen jedweder Art auch noch die von mir benötigten Stücke da.

Ein Skimütze mit herunterziehbarem Ohrenschutz und vorn angebrachter "Salmiakpastille", wie das Jungvolkabzeichen auch genannt wurde, ein Braunhemd mit Schulterklappen und aufgesetzten Taschen, ein schwarzes Halstuch, ein ockerfarbener, geflochtener Lederknoten, der unter dem Hals zu sitzen hatte, und durch den die beiden Enden des diagonal gefalteten Halstuches gezogen wurden, welches wiederum im Nacken ein auf der Spitze stehendes Dreieck zu bilden hatte, eine kurze schwarze, gerippte Hose, ein breiter schwarzer Gürtel mit Koppelschloß mit einer Rune darauf, ein schwarzer Blouson (für Herbst und Winter) mit blitzenden Knöpfen, ebenfalls mit Schulterklappen und aufgesetzten Taschen und eine schwarze Skihose für den Winter.

Vorschriftsmäßig angezogen meldete ich mich an einem Mittwoch um 14.00 Uhr am Listholze bei einem älteren uniformierten Jungen und wurde von ihm gleich weitergeleitet zu einem hübschen Jungen, der eine grüne, geflochtene Schnur an seiner Uniform trug. Ein paar Neue standen schon bei ihm und voller Freude bemerkte ich, daß mein Freund Gerhard ebenfalls unter den Neuen war.

"Ich heiße Simbert Bode und bin Euer Jungzugführer", sagte der Junge mit der grünen Schnur, und "im Dienst sagt Ihr Jungzugführer zu mir. Wenn wir nicht im Dienst sind, könnt Ihr "Sim" zu mir sagen. Wir gehen jetzt im lockeren Haufen durch die Beindorff-Allee in die Eilenriede und treffen uns dort am "Grünen Wagen", und dort erkläre ich Euch alles."

Der "Grüne Wagen" war nichts anderes als ein Bauwagen, in dem die Waldarbeiter ihre Gerätschaften verwahrten und ihre Pausen verbrachten. Er stand ziemlich nahe an der Chaussee Steuerndieb - Lister Turm. Für unseren Jungzug sollte er vorerst ein oft genutzter Treffpunkt werden.

Dort eingetroffen, setzten wir uns im Halbkreis auf ein paar Baumstämme und hörten zu, wie Simbert Bode uns die Organisation der DJ erklärte: "Ihr seid im Jungzug 4 mit dem Jungzugführer Simbert Bode, im Fähnlein 23 mit dem Fähnleinführer Friedel Ridder, im Jungstamm 5 mit dem Jungstammführer Kemner, im Jungbann 74 mit dem Jungbannführer Rokahr. Jedes Fähnlein hat 4 Jungzüge: Jungzug 4 besteht aus den 10-jährigen Pimpfen, Jungzug 3 aus den 11-jährigen, Jungzug 2 aus den 12-jährigen und Jungzug 1 aus den 13-jährigen Pimpfen.

Ab 14 Jahren kommt ihr in die HJ. Dort gibt es zusätzliche Möglichkeiten, in eine spezielle Organisation einzutreten, wie Reiter-HJ, Marine-HJ, Motor-HJ, Flieger-HJ oder in der HJ-Streifendienst. Doch bis dahin ist noch viel Zeit. Unser Jungzug ist nochmals untergliedert in zwei Jungenschaften und drei Horden.

Den Jungenschaftsführer erkennt Ihr an einer kleinen rot-weißen Kordel vom Hemdknopf bis zum Taschenknopf. Vom Jungzugführer werden die Kordeln von der linken Achselklappe herab bis zum linken Blusenknopf getragen. Der Jungzugführer trägt eine grüne, der Hauptjungzugführer eine grün-schwarze, der Fähnleinführer eine grün-weiße der Jungstammführer eine weiße und der Jungbannführer eine rot Kordel."

"Wenn Ihr in Uniform einem vorgesetzten Führer begegnet, ist dieser durch Anheben des rechten Arms und mit den Worten 'Heil Hitler' und Zufügen seines Dienstgrades zu grüßen. Auf Anfrage habt Ihr stramm zu stehen und Meldung zu machen, und zwar kurz und knapp. Zum Beispiel: 'Junggenosse Meier auf dem Weg zum Antrittsplatz.' Das werden wir natürlich alles einüben, bis es sitzt.

Wenn Ihr in Uniform seid, wird sich, außer bei befohlenen Spielen, nicht herumgebalgt. Ihr seid dann in besonderem Maße verpflichtet, Euch in der

Öffentlichkeit gut zu benehmen. Es ist selbstverständlich, ältere Menschen rücksichtsvoll zu behandeln und ihnen hilfreich zur Seite zu stehen. In der Straßenbahn oder Eisenbahn ist älteren Personen immer ein Sitzplatz anzubieten.

Weitere wichtige Dinge werdet Ihr im Laufe der Zeit noch erfahren. Jetzt wollen wir noch ein Lied einüben, 'Das Leben ist ein Würfelspiel' und dann könnt Ihr für heute nach Hause gehen. Wir treffen uns jeden Mittwoch und Sonnabend auf unserem Antrittsplatz am Listholze."

Das gemeinsame Singen hatte mir Spaß gemacht, und ich war ziemlich neugierig, wie das beim Jungvolk so weitergehen würde.

Eines hatte ich schon begriffen: mit der Uniform hatte ich eine besondere Verpflichtung übernommen, ebenso eine Mitverantwortung für die Volksgemeinschaft. Mein Selbstwertgefühl war deutlich angehoben.

Hatte ich bis jetzt Umgang mit Spielfreunden und Mitschülern gehabt, so wurde ich nun mit einem neuen Begriff vertraut gemacht, dem des Kameraden. Kamerad sein bedeutete, als Einzelner in einer Gemeinschaft für den anderen mitverantwortlich zu sein. Der Stärkere hatte dem Schwächeren zu helfen, der Klügere den weniger Klugen zu unterrichten und der materiell Bessergestellte den weniger gut Gestellten zu unterstützen. Für uns Zehnjährige hatte diese Vorstellung von Kameradschaftsgeist schon eine faszinierende Wirkung, fühlte man sich doch erstmals richtig ernstgenommen. Nur zu gern war man bestrebt, seine Pflicht gewissenhaft zu erfüllen. Zu einer kritischen Auseinandersetzung hatten wir noch nicht die Reife. Wir waren idealistisch und wir waren verspielt. Beiden Zuständen trug die Organisation Rechnung. Wir glaubten ihr ohnehin alles, denn sie konnte nicht schlecht sein, wenn sie uns zu so vielen guten Taten verpflichtete.

Die nächsten Dienste verliefen programmatisch. Antreten, Marschieren, Exerzieren, Singen, Sport und Spiele.

Die gemeinschaftlichen Erlebnisse machten mir Spaß. Auch das Marschieren gab mir ein schönes Gefühl, vor allem, wenn der Fanfarenzug vor uns hermarschierte. Der helle Klang der Fanfaren, das dumpfe, rhythmische Dröhnen der Trommeln, die Fahne, die der Fahnenträger vor uns hertrug, das alles verfehlte nicht seinen starken Eindruck auf uns Pimpfe. Selbst die Menschen, an denen wir vorbeizogen, schienen das Schauspiel zu genießen und grüßten unsere Fahne mit erhobenem rechtem Arm. Wir registrierten das mit stolzer Genugtuung.

So war es dann furchtbar prosaisch, wenn in solchen Momenten ein Kamerad einen Furz gelassen hatte und diejenigen verärgerte, die das über ihre Nasen zu unangenehmer Kenntnis nehmen mußten. Zur Warnung rief dann schon mal einer: "Achtung, Kolonnenschleicher", oder "Alle mal tief Luft holen!" Frech meldete manchmal auch einer seinen Furz an, wenn er ihn nicht halten konnte und rief: "Ein Tiroler", worauf die ganze Kolonne antwortete, "Laß ihn jodeln!" Das Ereignis folgte prompt. Aber meistens folgte auch die Rache. Der unkameradschaftliche Übeltäter bekam aus seiner Umgebung unauffällig ein paar kräftige Püffe in die Seite.

Am liebsten war mir jedoch weiter das gemeinsame Singen. Aus dem Liederbuch mit dem optimistischen Titel "Uns geht die Sonne nicht unter" erarbeiteten wir uns ein riesiges Repertoire. Besonders schön klang es, wenn uns einer unserer Führer auf der Klampfe begleitete. Die Texte der Landsknechtslieder mochte ich wegen ihrer Bildhaftigkeit am liebsten. Aber auch die Lieder, die von fernen Ländern und Abenteuern handelten schätzte ich sehr. Das Lied von den treuen Askaris hatte es mir angetan, hatte ich doch inzwischen an den ehemaligen deutschen Kolonien entdeckt und Namen wie Carl Peters, Lüderitz, Nachtigall und Lettow-Vorbeck waren mir sehr vertraut geworden.*

Ich hatte alle Bücher dieses Genres gelesen und war nach der Einrichtung des Kolonialhauses Dr. H. E. Göring in der Jägerstraße am Horst-Wessel-Platz (Königsworther Platz) sicher einer der fleißigsten Besucher. Hier tat sich mir die Welt der Abenteuer und Entdecker auf, und ich versank in ihr nur zu bereitwillig.

Die Sommerferien 1940 wurden bis in den September verlängert, und so blieb ausreichend Zeit für die Besuche des Zoos und des Kolonialhauses übrig, wenn nicht gerade wieder einmal ein Alarm dazwischen kam. Die Fliegeralarme häuften sich, und der an- und abschwellende Heulton der Sirenen ließ die Furcht der Bevölkerung vor größeren Luftangriffen auf Hannover wachsen.

Am 19 Mai und am 1. August hatte es schon erste Angriffe mit Todesopfern gegeben. Aus dieser Zeit stammt ein Brief meiner Mutter an ihre Schwester, Mutter und Schwager in Bad Oeynhausen, der mir erhalten geblieben ist, und den ich wörtlich wiedergebe. Die darin erwähnten "Daten der Ahnen" wurden von Onkel und Tante benötigt, um den Arier-Nachweis zu erbringen, der für die Zulassung bei der Reichsmusikkammer nötig war.

---

*Inzwischen ist mir klar, daß nicht alle der genannten Personen meine uneingeschräkte Bewunderung verdienten.

Hannover, d. 28.6.40

Meine Lieben!

Dieser Brief sollte gestern schon geschrieben sein, aber wir wurden am Nachmittag wieder vom Alarm überrascht.
Also zweimal am Tag, wir halten uns nur in der Nähe von Häusern auf. Frau Prutsch und die alte Frau Hundertmark waren z. Zt. des Alarms in der Eilenriede, die Granatsplitter sind da nur so herumgeflogen. Dieter hat schon etliche Splitter gefunden. Bei Rethen haben sie einen Britenbomber heruntergeholt. Sonst sind wir alle wohlauf, nur so müde. Das würde Euch wohl auch so gehen.
Anfang nächster Woche gehe ich mal zu Kropps.
Liebe Adelheid, ich werde Dir nun die Daten unserer Ahnen aufschreiben.
......
Für heute Schluß, es ist 9 Uhr, wir wollen ins Bett, um 1 Uhr kommt der Tommy.

Viele herzliche Grüße und Küsse

Eure Trude

Der Dienst bei der DJ brachte uns inzwischen mehr Pflichten. Wir wurden mit den bekannten Sammelbüchsen zu weiteren Sammelaktionen eingesetzt. Für das Winterhilfswerk (WHW) wurden Textilien und für die Soldaten an der Front wurden Skier eingesammelt. Regelmäßig wurden Altpapier und Stanniol gesammelt, wie auch Knochen zur Herstellung von Seife. Für die privaten Haushalte gab es nur die sogenannte "Schwimmseife". Sie hieß deshalb so, weil man sie auf das Wasser legen konnte, wo sie an der Oberfläche verblieb.
Für sozial schwache Familien und Familien, in denen die männlichen Mitglieder an der Front waren, möglicherweise verwundet oder sogar gefallen, bastelten wir an unseren Heimnachmittagen Spielzeug und überbrachten dieses auch persönlich. Die älteren Hitlerjungen wurden zu Ernteeinsätzen und Feldarbeit befohlen.

Über Hitlers Vorstellung, daß die deutschen Jungen "zäh wie Leder, hart wie Kruppstahl und flink wie die Windhunde" sein sollten, konnten wir bei unseren Tätigkeiten nur müde lächeln.

Was aber merkbar vorherrschte, war ein ungeheures Solidaritätsgefühl. Soziale und bürgerliche Schranken waren durch gemeinsame Aktionen und Zugehörigkeit zu irgendeiner staatlichen Organisation weitgehend abgebaut. Hauptgrund für diese Solidarität war natürlich die Bedrohung durch den Feind, der wir alle gleichermaßen und ohne Unterschied ausgesetzt waren. Man mußte sich auf den Nächsten verlassen können.

Für uns Pimpfe bedeutete das auch, daß wir wissen mußten, ob irgendwo in unserer näheren Umgebung Menschen wohnten, die fremder Hilfe bedurften. Es war Pflicht, diesen Menschen durch die eigene Tat zu helfen. Das führte naturgemäß manchmal auch zu grotesken Situationen, vor allem dann, wenn die Beschenkten oder Betreuten sich durch unsere übereifrige Hilfe diskriminiert fühlten, weil wir die Lage falsch eingeschätzt hatten.

Der DJ-Dienst ging, wenn er nicht gerade durch einen Alarm gestört wurde, in der gewohnten Weise weiter. Die Lieder allerdings bekamen jetzt einen anderen Charakter. Es wurden mehr Soldatenlieder gesungen, die unmittelbar mit dem Kriegsgeschehen in Zusammenhang standen.

Hin und wieder erschienen einige ehemalige Hitlerjungen, die inzwischen an der Front gekämpft hatten, um von ihren Erlebnissen zu erzählen. Sie machten uns auch klar, wie wichtig wir doch hier an der Heimatfront seien. Sie taten es sehr schonend, aber wir ahnten doch, daß der Krieg noch so manche schlimme Überraschung bereithalten sollte. Einige Soldaten, die uns besuchten, waren an der Front verwundet worden und verbrachten hier ihren Genesungsurlaub. Sie wußten, saß sie bald wieder an die Front zurückkehren würden, einem ungewissen Schicksal entgegen.

Noch dachten wir, daß wir zu jung wären, um noch eingezogen zu werden. Wenn wir das Alter erreicht hätten, wäre der Krieg längst siegreich beendet. Wir merkten, daß wir von unseren Führern eingehend auf unsere Fähigkeiten und Verhaltensweisen hin beobachtet und beurteilt wurden. Nach dem Motto, "Wer befehlen will, muß erst einmal gehorchen lernen", wurden einige, auch ich, mehr gefordert als andere. Offenbar machten sich unsere Führer schon Gedanken über eine weitere Verwendung der Pimpfe, auch in Hinsicht auf den eigenen Führungsnachwuchs. Das Durchschnittsalter der mit Führungsaufgaben betrauten Jungen sank, bedingt durch den Nachschub für die Front, rapide.

Zunächst ging es jedoch hauptsächlich um die sogenannte körperliche Ertüchtigung.

Sport wurde großgeschrieben. Mein alter Spielfreund Kalli Hundertmark war mittlerweile Sportwart im Fähnlein 23 (später 49) geworden und stellte aus seinem Arsenal gern die Speere, Medizinbälle, Wurfbälle, Boxhandschuhe und mehr zur Verfügung.

Leichtathletische Wettkämpfe zwischen den Fähnlein und Jungstämmen fanden im Hindenburgstadion an der Stadthalle statt. Die Besten aus jeder Organisation hatten sich schon lange vorher qualifiziert. Beim Wettkampf wurden sie lautstark von den Angehörigen ihrer Organisation angefeuert und unterstützt. Die DJ veranstaltete auch allgemeine Sportfeste, an denen alle Jungen beteiligt waren und festgelegte Prüfungen ablegen mußten. Voll innerer Genugtuung empfing ich nach vollbrachten Leistungen das DJL (Deutsches Jugend Leistungssportabzeichen) und das DJS (Deutsches Jugend Schießabzeichen).

War der Dienst aus wetterbedingten Gründen im Freien nicht ratsam, organisierte unser Jungzugführer Sim Bode einen Heimnachmittag. Seine Eltern besaßen an der Walderseestraße 25/26 eine riesige Villa. Die dazugehörige Garage stellten sie ihrem Sohn und den ihm anvertrauten Pimpfen zur Verfügung. Später durften wir auch einige Räume im Hause der Familie Beindorff in der Richard-Wagner-Straße 9 zu gleichen Zwecken benutzen.

Bei solchen Heimnachmittagen wurde gesungen, gespielt und gebastelt. Auch Sketche wurden einstudiert und vorgetragen. Im großen und ganzen machte mir der Dienst noch Spaß, nur die Geländespiele, bei denen sich zwei Parteien gegenseitig ausspähen mußten, um dann mit Gebrüll aufeinander loszugehen, waren mir zuwider. Körperliche Auseinandersetzungen lagen mir überhaupt nicht. Jeder Junge bekam bei einem Geländespiel einen kleinen Wollfaden um das Handgelenk gebunden, das war der Lebensfaden. Bei der Rauferei mit dem Gegner mußte diesem der Lebensfaden entrissen werden. Gelang dieses, mußte der "Tote" die Kampfstätte verlassen. Held war natürlich, wer die meisten Lebensfäden erkämpft hatte. Friedel Brunotte, Sohn einer Heißmangelbetreiberin in der Liebigstraße, war ein solcher Held unseres Fähnleins. Er nahm seinen Opfern nicht nur die eigenen Lebensfäden ab, sondern auch die, die diese womöglich schon von unseren Leuten erbeutet hatten. Heimlich gab er sie den Jungen unserer Einheit zurück und erweckte sie dadurch wieder zum Leben.

Bald sollte eine größere Zwangspause eintreten. Anfang 1941 erfolgten mehrere Luftangriffe auf Hannover mit einer Anzahl von Todesopfern, und die erste größere Aktion der Kinderlandverschickung (KLV) begann. Der Unterricht in den Schulen hatte wegen Kohlenmangels ohnehin erst im März wieder begonnen. Auch ich, nun Schüler der Herschelschule,

wurde mit meinen Mitschülern für einige Monate in unser Schullandheim in Nienstedt am Deister geschickt.
Zurückgekommen, ging der Dienst in der DJ zwar weiter, aber er wurde etwas anders gestaltet, und wir fanden andere Vorgesetzte, weil die früheren inzwischen zur Wehrmacht eingezogen worden waren. Fähnleinführer war nun der allseits beliebte "Pieps" Vogel, Jungstammführer Dietmar Wolff - bald darauf Gerd Peters. Zu meiner großen Freude waren uns mein Jungzugführer Sim Bode und mein Jungenschaftsführer Scholl (Scholli) erhalten geblieben.

Am 22. Juni 1941 waren deutsche Truppen in Rußland einmarschiert, und trotz der anfänglichen Siege fühlte sich die Bevölkerung einer immer stärker werdenden Bedrohung ausgesetzt.
Die Lebensmittelzuteilungen wurden erheblich reduziert, ebenso die Zuteilung von Textilien. Meine Mutter war froh, für mich einen Trainingsanzug bei Defaka (Deutsches Familien Kaufhaus) erstanden zu haben. Defaka war da, wo heute das Kaufhaus Horten ist. Meine Mutter legte mir nahe, es nicht jedem zu erzählen, daß wir bei Defaka gekauft haben, es sei keine standesgemäße Einkaufsstätte. Das gab's also auch noch.
Die Kürzung der Lebensmittelrationen hatte eine rasante Entwicklung der heimlichen Selbstversorgung zur Folge. Es gab kaum einen Blumenkasten, der nicht zur Züchtung eigener Tomaten oder Tabakpflanzen diente. Auf vielen Balkons standen kleine Ställe, in denen Kaninchen bis zur Schlachtreife aufgezogen wurden.
In der Abenddämmerung zogen Heerscharen von Tierhaltern los, bewaffnet mit Küchenmessern oder Sicheln, um Grünzeug wie Klee, Löwenzahn zu Futterzwecken zu schneiden. Auf so manchem Balkon konnte man sogar hin und wieder ein Huhn gackern hören.
In dieser Zeit wachsender Enthaltsamkeit gab es für mich periodisch einen Hochgenuß. Immer dann, wenn es eine Zuteilung von Kakaopulver gab, machte ich mir mit Zucker eine Mischung zurecht, die ich mir dann teelöffelweise ganz langsam zu Gemüte führte. Das war ein Genuß, dieses trockene Gemisch mit Speichel zu versetzen und in Kleinstmengen herunterzuschlucken. Hinterher mußte ich dann immer einen gehörigen Schluck Wasser zu mir nehmen.
Der Schulunterricht fiel immer häufiger aus. Entweder aus Kohlemangel oder als Folge eines Erlasses des Reichserziehungsministers vom 23. September 1940, der den Schulbeginn für den nächsten Tag nach einem Alarm regelte. Entweder begann die Schule zwei Stunden später um 10.00 Uhr,

oder sie fiel ganz aus, je nach Eintritt des Alarms und Dauer. Wenn wir uns anfangs auch oft über den Unterrichtsausfall freuten, wußten wir doch im Hinterkopf, daß das für uns nicht gut sein konnte.

In der DJ wurde einmal mehr an uns appelliert, in der Heimat unsere Pflicht zu tun, keine Angst zu zeigen und die schweren Zeiten optimistisch durchzustehen. Schließlich wären wir Deutschlands Zukunft und auf uns kämen großartige Aufgaben zu.

Um die Bedeutung zu unterstreichen, fand auf dem "Reitplatz" in der Eilenriede ein Jungstammappell statt. Im Schnee stehend, bildeten wir ein großes Karree. Die Disziplin war während der Zeremonie so streng, daß ein Junge vor mir sich nicht traute, aus dem Glied herauszutreten, als er mal pinkeln mußte. In seiner Not pinkelte er sich in die Hose, so daß sich um seine Schuhe im Schnee ein kleiner grün-gelblicher Fleck bildete. Einige Jungen lachten verhalten, aber die meisten hatten Mitleid mit ihm und bezeugten ihm ihre Hochachtung wegen seiner Disziplin. Gehorsam war zur Tugend stilisiert.

Es war Brauch, bei offiziellen Anlässen das Deutschlandlied und das Horst-Wessel-Lied zu singen, und zwar alle Strophen. Während des Singens mußte der rechte Arm die ganze Zeit ausgestreckt erhoben werden. Das war ziemlich anstrengend, und wir versuchten beim Antreten gern, in die mittlere oder hintere Reihe zu kommen, wo man den Arm auf der rechten Schulter des Vordermannes abstützen konnte.

Durch die vielen Fliegeralarme waren wir häufig müde, und unser Interesse am DJ-Dienst verringerte sich im Laufe der Zeit erheblich. Ich bat meine Mutter oft mit Erfolg, mir eine Entschuldigung mit einer glaubhaften vorgeschobenen Begründung zu schreiben, wenn ich keine Lust zum Dienst hatte.

Die anfängliche Begeisterung verblaßte mehr und mehr, da nun auch die höhere Schule in zunehmenden Maße ihr Recht forderte.

Alarme, Schule, DJ-Dienst, Sammel- und Hilfsaktionen, all das war für uns Jungen nicht so ganz einfach zu verkraften; auch wenn der Dienst, der jetzt schon mal am Sonntagvormittag stattfand, aus einem Kinobesuch bestand. Das war immerhin eine Abwechslung, wenn sie auch der Indoktrination diente, wie wir durchaus wußten.

Wir marschierten dann vom Listholz geschlossen zum Ufa-Kino in der Oberstraße, sahen uns den Film an und gingen dann einzeln, oder in kleinen Gruppen, nach Hause. Obwohl wir wußten, daß die meisten Filme der Propaganda dienten, verfehlten sie dennoch oft nicht ihre Wirkung auf uns, da sie schauspielerisch und dramaturgisch hohes Niveau boten. Filme wie "Kadetten" und "Hitlerjunge Quex" sind mir bis heute noch deutlich in Erinnerung. Besonders der Film "Hitlerjunge Quex" war durch die schauspielerische Leistung Heinrich Georges und seiner Frau Berta Drews so eindrucksvoll, daß selbst die Hartgesottenen unter uns feuchte Augen bekamen. Wir wußten, daß dem Film eine wahre Geschichte zugrunde lag. Herbert Norkus, Sohn eines Taxifahrers aus Berlin-Wedding, war 1932 beim Verteilen von propagandistischen Handzetteln von Kommunisten gejagt, verprügelt und schließlich durch etliche Messerstiche ermordet worden. Lange hielt die Wirkung solcher Filme allerdings nicht an. Die Realitäten holten uns schnell wieder ein. Alarm, angstvolle Stunden im Luftschutz-keller, reduzierter Schulunterricht, ständige Versuche, die Ernährung si-cherzustellen, bestimmten die Tagesabläufe. Immer mehr Familien zogen wegen der Bombenangriffe auf die Großstädte in ruhigere, ländliche Ge-genden.

1943 hatte sich die Einwohnerzahl Hannovers auf 287.000 verringert. Im Oktober dieses Jahres, als nach weiteren schweren Bombenangriffen eine erneute große Kinderlandverschickung begann, endete auch gleich-zeitig vorerst meine aktive Mitgliedschaft beim Jungvolk.

Höhere Schule und Kinderlandverschickung

Für meine Eltern stand es immer fest, daß ich mit zehn Jahren zur höheren Schule gehen sollte. Aber auch ich wollte es so, als es so weit war. Es ergab sich die Frage, auf welche von den acht städtischen höheren Schu-len?. Hier nun traf mein Vater kurz und bündig die Entscheidung. Es sollte die Herschelschule sein.

Er war selbst zur Herschelschule gegangen, und nichts spräche nach sei-ner Erfahrung dagegen, daß auch ich zur Herschelschule ginge. Sie lag verkehrsgünstig, war nicht allzuweit entfernt, und außerdem würde sie ohnehin von den Söhnen des Beamtenstandes und des Angestellten-standes als auch der selbständigen Gewerbetreibenden bevorzugt besucht. Vor den Eintritt hatten die Götter jedoch die Aufnahmeprüfung gesetzt. So zog ich eines Tages frohen Mutes, aber auch gespannt in die Tell-kampfschule 7, und fand mich in einem Klassenzimmer inmitten einer An-zahl von Prüflingen wieder. Daß ich auch meinen Freund Gerhard hier treffen würde, wußte ich schon vorher. Unsere Eltern hatten sich verständigt.

Erwartungsvoll blickten wir dem eintretenden Lehrer entgegen, der sich uns als Studienrat Dr. Morick vorstellte. Er war von eher kleiner, gedrungener Statur und ging etwas gravitätisch. Seine Augen blickten freundlich durch eine Brille mit Goldrand. Sein Kopf, auf kurzem Halse, und die Nase hatten eine Form, die ihm etwas vogelhaftes verlieh. Wir sollten auch bald erfahren, daß er von den älteren Schülern "Spatz" Morick genannt wurde, und das war durchaus wohlwollend gemeint.

Dr. Morick machte uns klar, daß die Prüfung aus einem Diktat und einer Rechenarbeit bestand. Beim Diktat merkten wir recht bald, worauf es ankam. Sätze wie "Schon fingen die Schwalben an, sich in lärmenden Scharen auf dem einzigen Telegrafendraht des Dorfes zu versammeln, um die weitere Herbstreise zu besprechen", oder "Waisenkinder standen am Weg und sangen lustige Weisen" forderten unsere Kenntnisse über Zeichensetzung und Rechtschreibung heraus, entlockten uns aber auch

Die Herschelschule

ein wissendes Grinsen. Nach dem Diktat bekamen wir unsere Rechenaufgaben, die wir zu lösen hatten. Als wir unsere Lösungen abgegeben hatten, begann für uns mit der Pause die qualvolle Wartezeit auf die Ergebnisse. Schließlich kam Dr. Morick in das Klassenzimmer und las eine Reihe von Namen vor. Auch meiner war darunter. "Ihr könnt nach Hause gehen", sagte er und schaute streng durch seine Brille. Ich erschrak sehr, und mich durchschoß es: "Du bist durchgefallen." Doch in diesem Moment fügte er lächelnd hinzu "Ihr könnt Euren Eltern sagen, Ihr habt bestanden. Die anderen bleiben noch hier und werden noch mündlich geprüft."

Überglücklich und stolz begab ich mich nach Hause zu meiner Mutter, die mit innerer Spannung auf mich gewartet hatte und begierig war, das Ergebnis zu erfahren.

Sie freute sich riesig, ließ zu Hause alles stehen und liegen, und ging mit mir schnurstracks zu Spielwaren-Kohlmeier in der Celler Straße und brachte es tatsächlich fertig, ihm aus einem geheimen Bestand noch einen Fußball abzukaufen. Liebevoll drückte sie ihn mir in die Hand und sagte: "Zur Belohnung." Glücklich und zufrieden traten wir den Heimweg an.

Vor Beginn des normalen Unterrichtsbetriebes gab es in der Aula der Herschelschule eine Feier. Vor den Schülern, deren Eltern und der versammelten Lehrerschaft hielt der Direktor, Dr. Mühlhoff, eine Begrüßungsansprache, in der er auch auf Leben und Werk des Namensgebers der Schule einging.

Der erste Schultag war gekommen. Mit der Straßenbahn der Linie 7 ging es die Podbi entlang, die Celler Straße, und an der Haltestelle Schubertstraße wurde ausgestiegen, um in die Linie 2 zu wechseln. An der Haltestelle Bronsartstraße war das Ziel erreicht. In der Tellkampfstraße konnte man rechts bald das rote Backsteingebäude sehen.

Der Hausmeister, Herr Lange, wies die Neuankömmlinge in das für sie bestimmte Klassenzimmer. Hier suchten wir uns die genehmen Sitzplätze aus und setzten uns. Ein paar zusammenhängende Plätze waren schon besetzt. Wie sich herausstellte, von Schülern, die sitzengeblieben waren und das Schuljahr wiederholen mußten. Sie lächelten weise und abgeklärt, gaben uns aber gern erläuternde Informationen über Lehrer und Schulaufbau. Schließlich betrat ein Herr das Klassenzimmer. Nicht sehr groß, schlank, etwas pausbäckig mit einem sorgfältig gestutzten Schnauzbart. Er trug einen schlichten grauen Anzug mit Weste und eine dezente Krawatte.

"Ich bin Euer Klassenlehrer, mein Name ist Möller. Ich werde Euch in Englisch unterrichten." Ohne Umschweife ging es dann los und ich lernte die ersten englischen Worte in meinem Leben.

"It's a pen. Is it a pen? Yes, it is a pen." Herr Möller schien uns ein gerechter Lehrer zu sein, den wir zwar nicht direkt liebten, der aber unser volles Vertrauen besaß. Er hielt auf Distanz, sein Humor war britisch verhalten. Später erfuhren wir von seinem tragischen Schicksal. Seine Frau war plötzlich verstorben, und er war nun allein mit seiner Verantwortung für fünf noch junge Töchter.

Ganz anders als er war unser Biologielehrer, der "Bio-Müller". Ihn liebten und verehrten wir. Die Natur hatte ihn mit einer massigen Figur ausgestattet. Ein riesiger Kopf mit zwei großen Warzen, gütige Augen, die durch eine dunkelgeränderte Brille sahen, war er, vorsichtig ausgedrückt, nicht gerade ein schöner Mann. Zu alledem kam noch eine Behinderung an seinen Füßen, die ihn zwang, beim Gehen einen Stock zu benutzen. Von diesem Mann ging eine gewisse Faszination aus, die uns gefangennahm. "Bio-Müller" war auch Direktor des hannoverschen Zoos, und das machte ihn für uns zu etwas Besonderem. Er konnte uns sein Fach so lebendig vermitteln, daß wir uns alle auf die Biologiestunde freuten und gut mitarbeiteten, ob es nun um die Hauskatze ging oder um die Mendel'schen Gesetze.

Sein Unterricht war lebensnah, und er nahm oft Bezug auf reale Situationen. "Wenn ihr mal heiraten wollt, solltet ihr darauf achten, ob in der Familie Eurer Zukünftigen Krankheiten aufgetreten sind, wie zum Beispiel Depressionen mit Neigung zum Selbstmord. Diese und bestimmte andere Krankheiten sind in ihren Anlagen vererbbar und könnten bei Euren Kindern wieder auftreten." Dies war seine Meinung als Biologe und hatte nichts mit dem Erbwahn des herrschenden Regimes zu tun. "Bio-Müller" war absolut kein Freund des Regimes, wie denn auch die überwiegende Mehrheit unserer Lehrer keine Affinität zum nationalsozialistischen System erkennen ließ.

Es machte uns großen Spaß, in unserem Schulgarten am Mittellandkanal unter seiner Leitung die Bienenvölker zu betreuen und die uns zugeteilten Beete zu pflegen.

Der Krieg hatte es mit sich gebracht, daß junge, dynamische Lehrer, die uns hätten unterrichten können, an der Front kämpfen mußten. So wurden wir fast nur von entsprechend älteren, ja teilweise reaktivierten Lehrern unterrichtet, oder aber auch von Lehrern, die aus den verschiedensten Gründen vom Dienst in der Wehrmacht freigestellt worden waren. Einer von den reaktivierten Lehrern, wie die meisten übrigens Studienrat, war Albert Mävers, der aus nicht mehr erfindlichem Grunde "Peter" Mävers genannt wurde. Er trug einen Kneifer, das Haar war in der Mitte gescheitelt und mit Pomade eng nach hinten gekämmt und angelegt. Er benötigte zum

Gehen zwei Stöcke, die er sonderbarerweise im Takt gleichzeitig aufsetzte. Unser Mitschüler Horst Seizinger konnte ihn so herrlich parodieren, wie er vor die Klasse trat und sie begrüßte. Schwungvoll und behende näherte er sich der Klasse, baute sich vor ihr auf, gab mit seiner rechten Hand den Stock in die linke, hob den rechten Arm und sagte: "Heil Hitteler!" (Es klang tatsächlich so). Wir brüllten grinsend und ziemlich laut ebenso zurück: "Heil Hitteler!" Zufrieden nahm er nun den Arm herunter, gab mit der linken Hand einen Stock in die rechte zurück, drehte sich um und setzte sich auf seinen Stuhl hinter dem Katheder.

Ob diese Form der Begrüßung Folge einer Vorschrift war, oder aus Überzeugung erfolgte, haben wir nicht gewußt. Es interessierte uns auch nicht besonders. Vorerst war er der einzige Lehrer, der so grüßte. Ansonsten hatten wir den Eindruck, daß die Politik auf der höheren Schule keinen Anspruch auf lebhafte Verbreitung hatte.

Bei "Spatz" Morick hatten wir Deutsch. Er war Purist, konsequent und akribisch was die deutsche Grammatik betraf. "Geht zu Leonie Konertz, der Buchhandlung am Hugenbergplatz, und kauft Euch den 'Rahn' , ein Rechtschreibungs- und Grammatikbuch. Bei Leonie ("Spatz" Morick sprach es immer "Leonje" aus), kauften wir ohnehin alle unsere an der Herschelschule benötigten Bücher..

Später sollten wir bei "Spatz" Morick Latein bekommen. Er reagierte dann oft sehr barsch, wenn wir die hochintellektuelle Diskussion provozierten, ob die alten Römer das "C" wie "C" oder wie "K" ausgesprochen hatten. Eine Frage, die bei dieser toten Sprache ja nicht zu klären war. Wenn dann noch unser Mitschüler Jürgen Soegtig zitierte: "Kikero und Kaesar gingen in den Kirkus, Kaesar mit 'nem Kylinderhut, Kikero mit 'ner Kokoladenkigarette," fuhr unser lieber "Spatz" aus der Haut.

Er gab es uns auf seine Weise zurück. Wenn die Klassenarbeit nicht zu seiner Zufriedenheit ausgefallen war - und das kam leider ziemlich häufig vor - schnarrte er uns beleidigt an: "Herrrrschaften, Herrrrschaften, das war keine Arbeit, das war eine Unverschämtheit!"

Turnunterricht hatten wir bei Otto Bethmann, einem schlanken, drahtigen Glatzkopf von kleiner Statur. Vermutlich um einiges älter als sechzig, vermochte er dennoch, uns an Reck und Barren schwierige Figuren vorzuturnen. Otto Bethmann verlangte streng nach äußerster Disziplin und Gehorsam. Beim Seilklettern half er gern säumigen Kletterern nach, indem er mit dem Seilende kräftig auf die unteren Extremitäten schlug. Einmal ließ er uns zur Strafe für eine Bagatelle eine Schulstunde lang in wechselndem Lauf- und Marschschritt in der Turnhalle im Kreis herumlaufen.

Alle Lehrer in dieser Zeit besaßen eine uneingeschränkte Machtposition. Sie waren zwar an das Lehrprogramm gebunden, konnten dies aber nach ihrem eigenen Ermessen auf ihre individuelle Art und Weise durchziehen. Hatte ein Lehrer aufgrund seiner Persönlichkeitsstruktur keine oder nur wenig Autorität, konnte er sich getrost auf die ihm zur Verfügung stehenden Mechanismen verlassen. Diese zwangen uns zu vorwiegend passivem Verhalten, und das wiederum bedeutete eine starke Behinderung unserer individuellen Persönlichkeitsentwicklung. Für eine kreative Entfaltung unserer Fähigkeiten gab es keine Basis.

Eintragung in Klassenbuch, Strafarbeit (mußte später "Übungsarbeit" genannt werden), Nachsitzen, Meldung beim Direktor, aber auch Relegation standen als ständige Drohung im Raum. Diese repressive Form der Erziehung war allerdings auch bei vielen Kindern im elterlichen Hause anzufinden. Gehorsam war oberstes Gebot, Kritik an älteren Personen nicht erlaubt. Ältere Personen waren zu achten und zu respektieren, was immer sie taten und wie sie sich auch immer verhielten und benahmen.

Es gab nicht wenige Schüler, die so schüchtern waren, daß sie sich selbst dann nicht meldeten, wenn sie sich der richtigen Antwort sicher waren. Auch mich beherrschte eine gewisse Furcht vor öffentlichem Versagen und dem womöglich höhnischen Tadel des Lehrers. So hieß es oft folgerichtig in meinem Zeugnis, daß meine Beteiligung am Unterricht zu wünschen übrig ließe. Nur wenige Lehrer hatten es verstanden, mir meine Scheu zu nehmen, und es war ebenso folgerichtig, daß ich in ihren Fächern meine besseren Leistungen erbrachte, wie Englisch, Biologie, Deutsch und Geographie.

Die Herschelschule besaß in Nienstedt am Deister ein Landheim. Es blieb unwidersprochen, wenn es hieß, es sei das schönste Landheim einer hannoverschen Schule überhaupt. Schon früh sollten wir es kennenlernen. Noch im ersten Schuljahr waren wir dort zu Gast. Zuerst fuhren wir mit der Eisenbahn nach Egestorf. Dort erwartete uns ein Leiterwagen mit einem Zugpferd. Aber nicht, um uns nach Nienstedt zu fahren, sondern nur, um unser Gepäck aufzunehmen, und dieses zum Heim zu transportieren. Wir Schüler marschierten per pedes apostulorum an der Bärenhöhle vorbei, über den Deisterkamm, durch das Dorf Nienstedt hindurch in Richtung Messenkamp, bis wir am Ortsende, nach nunmehr acht Kilometern einen dunklen Wald am Berghang erreichten. Von dieser Stelle hatten wir einen faszinierenden Blick auf das Waltersbachtal, welches unten links seinen Anfang nahm. Hier stand nun neben einem grünen Teiche ein solide wirkendes, mehrgeschossiges, graues Steinhaus mit einen turmähnlichen

Gebilde. Links vom Teich floß munter murmelnd der klare Waltersbach, in dem sich Dickköppe und Forellen tummelten, und der den Teich mit seinem frischen Wasser speiste.

Wiederum links vom Waltersbach, sich steil erhebend, befand sich ein Hügel, der "Rütli" genannt wurde, und auf dem ein Spielplatz mit Turngeräten zu sportlicher Betätigung einlud.

Gespannt betraten wir unser Landheim, und nachdem unsere Koffer eingetroffen waren, nahmen wir Besitz von unseren Schlafstellen. Es gab vier Schlafsäle, die alle einen beziehungsvollen Namen hatten. "Schlepper" - der Name des früheren Besitzers -, "Hahnenbalken", "Dangers" und "Ulenflucht". Die Betten waren doppelstöckig, und wir machten uns daran, Betten zu bauen, wie wir es schon beim Jungvolk gelernt hatten.

Anschließend war das Treffen im Tagesraum, wo uns unsere Lehrer mit den Verhaltensmaßregeln vertraut machten und uns in die verschiedenen Dienste einteilten, die von uns zu versehen waren, wie Küchendienst, Reinigungsdienst, Schlafsaalaufsicht, undsoweiter. Das Ganze verlief im Turnus, so daß jeder einmal an die Reihe kam. Einige Dienste waren natürlich besonders begehrt. So beneideten wir unsere Mitschüler Gert Mehler

Das ehemalige Landheim der Herschelschule heute

und Gerhard Schultze, die täglich mit einem Bollerwagen die benötigte Milch von einem Bauern holen durften. Weil das eine Vertrauensaufgabe war, durften sie das für die Gesamtaufenthaltsdauer erledigen. Auf der abschüssigen Straße setzten sich beide in den Wagen und einer lenkte mit seinen ausgestreckten Beinen das Gefährt in halsbrecherischem Tempo durch die Kurven.

Zum Heim gehörte ein Heimleiter-Ehepaar, es hieß Wallbaum. "Männe" Wallbaum erfreute sich wegen seiner Originalität und Hilfsbereitschaft großer Zuneigung. Morgens in der Frühe weckte uns "Männe" Wallbaum mit lauten Trompetenstößen, die er im Treppenhaus hochschickte und die uns ziemlich unsanft aus dem Schlummer rissen. Hatte er mal seine Trompete nicht zur Hand, weil ihm mal wieder ein Schüler einen Streich gespielt und seine Trompete versteckt hatte, hielt er beide Hände an den Mund, krächzte laut mehrfach ein "Raab. Raab", und weckte uns eben auf diese Weise. "Männe" Wallbaum, ein drahtiger, kleiner Mann, hatte auch einen Schäferhund, der Argus hieß. Argus war ein schülerfreundliches Tier, nur stieg er gern - zum Mißvergnügen seines Herrn - im Schweinestall auf die Säue. Immer wieder jagte dann "Männe", laut in Plattdeutsch schimpfend, das irregeleitete Tier aus dem Schweinstall heraus. Wir Schüler nahmen dann gern feixend an diesem Schauspiel teil.

Der Tagesablauf war perfekt geregelt. Um sieben aufstehen, dann gemeinsames Waschen, gemeinsames Frühstück. Danach Unterricht oder eine Wanderung, die natürlich nicht ohne die unterrichtende Beteiligung der Lehrer über heimische Fauna und Flora verlief.

Die Freizeit war ohne Frage die beliebteste Zeit. Bevorzugt spielten wir am Wasser, bauten Deiche, stiegen auf ein Floß, beobachteten Molche und Feuersalamander. Die schönen Feuersalamander waren uns bis dahin nur aus den Werbeheften der Schuhfirma Salamander bekannt. Hier jedoch konnten wir ihre Schönheit in natura bewundern, wenn wir nur genügend flache Stein auf dem feuchten Waldbodenuntergrund umdrehten. Wir hatten riesige Freude, auf Bäume zu steigen und jeder von den Kletterern hatte seinen speziellen Kletterbaum. Auf den hohen Eichen beobachteten wir die inzwischen fast ausgestorbenen Hirschkäfer, fingen sie und ließen die Männchen mit ihrem Geweih gegeneinander in Wettkämpfen antreten. Es bildeten sich kleine Gruppen - auch Banden genannt - die sich auf dem großen Gelände ausspionierten und spielerisch bekriegten.

Abends im Schlafsaal mußten die begabtesten Erzähler ihre Geister- und Gruselgeschichten erzählen. Dieses Gemeinschaftsleben brachte uns eine nützliche Erfahrung, und wir lernten, miteinander umzugehen, Rücksicht zu nehmen und kommunikativ zu sein. Je größer die Anzahl der Schüler, desto größer auch die Möglichkeit, Freundschaften aufzubauen mit Gleichgesinnten und Wesensverwandten. Im Nu waren die vierzehn Tage Aufenthalt um und wir traten die Heimreise an; allerdings nur, um aus ernsteren Gründen bald für länger zurückzukommen.

Die Winterferien 1940/41 wurden wegen Kohlenmangels bis in den März verlängert. Zu Weihnachten gab es für mich ein Geschenk, welches ich mir inniglich gewünscht, aber aus Einsicht in die Unmöglichkeit der Erfüllung nicht wirklich erwartet hatte: ein Fahrrad. Unter dem Weihnachtsbaum stand tatsächlich ein Fahrrad, Marke "Geyer Original". Selig nahm ich das Rad mit in mein Zimmer und lehnte es an mein Bett, so daß ich es beim Aufwachen sofort sehen und betasten konnte, um sicher zu sein, daß ich nicht träumte.

Gleich am ersten Weihnachtstag ging die Fahrt los, in die Eilenriede, trotz Matsch, Eis und Schnee. Kalli Hundertmark und Wolfgang Krüger freuten sich selbstlos mit mir, und begleiteten mich auf ihren Fahrrädern. Ein paar Tage ungetrübten Glücks folgten.

Doch schon bald holten uns die Kriegsereignisse wieder ein. Die Bombenangriffe nahmen zu, und in der Nacht vom 10. auf den 11. Februar 1941 war auch Hannover wiederum das Ziel eines konzentrierten Angriffs. Die Folge: 101 Tote!

Im April bis Juni erfolgte die große Kinderlandverschickung, kurz KLV genannt. 7.000 hannoversche Schülerinnen und Schüler verabschiedeten sich von ihren Eltern, um eine unbestimmte Zeit fernab von zu Haus in relativer Sicherheit zu verbringen. In Böhmen, Mähren und in Pommern wurde die Mehrheit der Schülerschaft untergebracht.

Wir Herschelschüler waren unserer Meinung nach glücklicher dran, da wir wieder in das uns vertraute Landheim verschickt wurden, wo uns unsere Eltern an den Besuchstagen besuchen konnten.

Zunächst lief auch alles so ab, wie im Jahr zuvor. Aber dann wurden wir in zunehmendem Maße außerschulisch zu volksdienlichen Aufgaben eingesetzt. In der Landwirtschaft herrschte aufgrund des Kriegsdienstes der jüngeren Männer ein extremer Mangel an Arbeitskräften. Es gab zwar schon Fremdarbeiter und Kriegsgefangene, die eingesetzt wurden, aber ihre Anzahl reichte nicht aus, um großflächig wirksam zu sein. So machten denn wir Jungen Bekanntschaft mit den ungewohnten Tätigkeiten in der Landwirtschaft. Neben dem Kartoffelkäfersuchen wurden wir intensiv mit dem "Rübenverziehen" vertraut gemacht. In der Frühe marschierten wir los, bis wir an das Rübenfeld kamen, wo sich die ersten zarten Schößlinge zeigten. Jeder Schüler bekam drei Längsreihen zugeteilt, ging auf die Knie, und fing an, mit den Fingern alle kleinen Schößlinge auszurupfen - bis auf den stärksten, der nun genug Platz hatte, um kräftig zu gedeihen. Ein Feldaufseher kontrollierte mit strengem Blick die Arbeit der Schüler.

Wir arbeiteten ziemlich gleichmäßig, aber es ergab sich doch, daß der eine oder andere schneller vorankam, und von den langsameren Zupfern kräftig beneidet wurde. So war es durchaus eine große Genugtuung für die Langsameren, wenn einer, der schon kurz vor dem Ziel zu sein schien, vom Aufseher an den Anfang seiner Reihen zurückgepfiffen wurde, weil er nicht sorgfältig genug gearbeitet hatte. Er mußte nun wieder ganz von vorn anfangen. Voller Schadenfreude grinsten wir den uns Entgegenkommenden an und sangen voller Inbrunst mit, wenn unser Klassenkamerad "Puppe" Menge das beliebte Schlagerlied anstimmte: "Komm zurück" (J'attendrai).

Eine weitere Tätigkeit, die uns hin und wieder aufgetragen wurde, war das Flugblättersammeln. In jenen Tagen warfen die Britenbomber nicht nur Bomben ab, sondern auch große Mengen Propagandamaterials, eben die erwähnten Flugblätter.

Die Furcht vor der Wirkung dieser "Feindpropaganda" war offensichtlich so groß, daß man sich nicht scheute, uns kleine Jungen von 11 bis 12 Jahren zu solchen Sammelaktionen, die durch Feld, Wald und Wiesen führten, einzusetzen. Wir sollten natürlich beileibe nicht die Flugblätter lesen, sondern sie gleich dem aufsichtführenden Lehrer übergeben. Das war ausgemachter Quatsch in unseren Augen. Wir behielten immer ein paar Blätter ein, die wir heimlich durchlasen, und dann ebenso heimlich vernichteten. Eine Wirkung auf uns hatten diese Blätter nicht. Das Wort "Sammeln" wurde uns allmählich verhaßt, weil es inzwischen zu einem Synonym für eine ungeliebte Tätigkeit geworden war. Auch das Sammeln von Kräutern, das für uns rational noch einen Sinn ergab, waren wir allmählich leid. Es gab kaum ein Kraut, das wir nicht gesammelt hätten, selbst Birkenblätter waren vor uns nicht sicher.

Einmal gab es sogar eine Belohnung. Für den Sammelerfolg beim Bärlauch bekam jeder Sammler ein winziges Stück Cremeschokolade. Jeder verzehrte dieses Stück auf die ihm genüßlichste Art und Weise andachtsvoll mit großem Behagen.

Die Verpflegung im Landheim war kalorisch möglicherweise ausreichend, aber sicher für heranwachsende Jugendliche, die sich viel an frischer Luft aufhielten, nicht sehr sättigend. Die meisten von uns hatten oft Hungergefühle. So blieb es auch nicht aus, daß wir im Dorf, wenn wir an der Schmiede vorbeikamen, uns schnell ein paar Äpfel vom Baum pflückten und aßen. Unsere Lehrer hatten dafür kein Verständnis, und wir wurden stark gerügt. Ich hatte eine kleine Bäckerei in Nienstedt ausfindig gemacht, die von einer gütigen Bäckersfrau betrieben wurde. Man ging ein paar Stufen hoch, durch eine Tür und schon stand man in einem winzigen Verkaufsraum. Wann immer es ihr möglich war, verkaufte uns die liebe Bäckersfrau ein Gebäckstück ohne Brotmarken dafür zu verlangen. Wir verzehrten das Gebäck meist auf der Stelle, noch im Laden.

Was die Geschehnisse in der Welt betraf, lebten wir wie unter einer Glocke. Zeitungen gab es nicht. Das einzige Radio stand nur den Lehrern zur Verfügung. Selbst über die Kriegsereignisse erfuhren wir nur spärlich, wenn die Lehrer sie für mitteilungswürdig hielten. Kamen unsere Eltern zum Elternbesuch, dann wurden verständlicherweise andere Themen angesprochen.

Der Unterricht war sehr eingeschränkt, denn nicht alle Fächer konnten gelehrt werden, weil die entsprechenden Lehrer nicht im Landheim waren. Und bei denen, die im Landheim waren, war der schulische Einsatz auch nicht gerade von überzeugendem Ehrgeiz geprägt. Es war nur folgerichtig, daß sich häufig so etwas wie Langeweile einstellte. Eine gefährliche Sache, der man mir verstärkten Aktivitäten auf dem Unterhaltungssektor entgegentrat. Es wurden Filme gezeigt, wie unter anderen ein Privatfilm der Familie Valentin Klein (Sylvana-Leuchten), der wir beim Wintersport zusehen konnten. Es wurden Vorträge gehalten und sogenannte Heimabende veranstaltet, an denen die Schülermitwirkung gefordert war. Wer auch immer Einfälle und Ideen hatte, oder auch in der Vortragskunst versiert war, bekam seine Chance. Einige Jungen hatten wirklich was auf dem Kasten. So blieb kein Auge trocken, wenn der ohnehin nicht sehr große "Honny" Mohrmann sich mit kehliger Stimme als "Pikkolomini, der kleinste Mann der Welt" vorstellte, wobei er so geschickt drapiert hinter einem Tisch saß, daß seine Unterarme auf dem Tisch für seine Beine gehalten wurden. Er trug dann immer einen furchtbar langatmigen Monolog vor, in dem er schilderte, wie eine sehr umständliche alte Dame in der Straßenbahn den Schaffner mit ihrer Suche nach dem Fahrschein in ihrer Tasche zur Weißglut brachte.

Auch ich hatte einen kleinen Erfolg mit einer Entfesselungsnummer (aus meinem Zauberbuch), in dem ich mich aus einem, unter Zeugen zugebundenen, Sack befreite. Die anwesenden Lehrer waren offensichtlich froh, wenn alles einigermaßen geordnet ablief. Wenig Wohlwollen brachten sie allerdings einem Couplet entgegen, welches nach der Melodie des Schlagers "Einmal wirst Du wieder bei mir sein" gesungen wurde. Die Textstelle:

"Was immer auch geschehen mag, verblödest Du hier,
dann tröstest Du bei "Busse" Dich mit Lindener Bier.
Lasse Dir den Glauben
daran nur nicht rauben.
Einmal kommst auch Du hier raus,
einmal bist auch Du zu Haus.
Bist Du heut' noch kinderlandverschickt,
einmal kehrst Du doch zurück."

gefiel den Lehrern schon deswegen nicht, weil die in ihr enthaltene An-
spielung auf die mangelnde Unterrichtsqualität der Wahrheit entsprach.
Schon in dieser Anfangsphase entstanden die ersten Defizite in unserem
Grundwissen, die später kaum auszugleichen waren.

Als es in Hannover einige Monate relativ ruhig war, was die Bombenangriffe betraf, kehrten wir wieder in die Heimatstadt zurück. Für die Men-
schen ohne "Beziehungen", wie zum Beispiel zu Verwandtschaft auf dem
Lande, wirkte sich die drastische Senkung der Lebensmittelzuteilungen im
April 1942 schmerzlich aus. Eine Monatsration für Schwerarbeitende bestand aus: 8.000 g Brot, 600 g Nährmittel, 1.200 g Fleisch, 825 g Fett , 1.250
g. Zucker und 325 g Ersatzkaffee (auch "Muckefuck" genannt).
Kein Wunder, daß das Hauptinteresse der Bevölkerung darin bestand, alle
Möglichkeiten der Nahrungsmittelbeschaffung auszuschöpfen. Meine
Mutter fuhr in das Allgäu, nach Oberjoch, nur, um von dort einen Koffer
voller Käse zurückzubringen. Sowas war absolut verboten, und stand
unter hoher Strafe. Im Herbst sammelte ich in der Eilenriede Bucheckern,
und bekam dafür eine kleine Menge Speiseöls.
Meine Mutter wurde dienstverpflichtet, in der Rüstungsindustrie zu arbeiten. In der "Geha", in der Sutelstraße arbeitete sie mit an der Herstellung von Pistolenmunition.
Der Schulunterricht ging mit den gewohnten Unterbrechungen fast normal weiter.

Doch dann passierte Stalingrad.

Am 31. Januar 1943 endete die Schlacht um Stalingrad mit einer verlustreichen Niederlage. 265.000 deutsche Soldaten waren eingeschlos-
sen gewesen. 34.000 konnten herausgeflogen werden. 100.000 waren
gefallen und 90.000 gerieten in Gefangenschaft. Alle anderen wurden ver-
mißt. Kam jetzt die Wende?

Am 18. Februar erklärt Josef Goebbels den "Totalen Krieg". Hier jubelte ihm niemand zu. Auf Hitler erfolgten mehrere Attentate; alle scheiterten. Die alliierten Luftangriffe nehmen zu. Auch Hannover kommt jetzt dran. Ein geflügeltes Wort , in Anspielung auf sie Goebbelsrede im Berliner Sportpalast, macht die Runde: "Lieber Tommy, fliege weiter, fliege weiter nach Berlin, denn die haben 'ja' geschrien.

Am 26. Juli 1943 erfolgt der erste große Tagesangriff auf die Innenstadt. 273 Tote, 4.000 Obdachlose.

Am 22. September 1943 wird die Südstadt bombardiert. 201 Tote, 5.000 Obdachlose.

In der Nacht vom 27. auf den 28. September 1943 konzentriert sich der Angriff auf die Nordstadt. 196 Tote, 20.000 Obdachlose.

Die von dem englischen Luftmarschall Harris ("Bomber-Harris") im Frühjahr 1942 eingeführte neue Strategie des Flächenbombardements zeigt ihre verheerende Wirkung. Die Angst in der Bevölkerung wächst, sie nennt die Flächenbombardements deutlicher und auch plastischer "Bombenteppiche". Den Bomberpulks voran fliegen die sogenannten Pfadfinder, markieren mit Leuchtbomben, von der Bevölkerung "Tannenbäume" genannt, ein Quadrat, in das die nachfliegenden Bomber ihre tödliche Last werfen. Wenn die Alarmsirenen heulen, regt sich ein flaues Gefühl im Magen. Viele müssen noch schnell einmal auf die Toilette vor Aufregung. Bevor es in den Luftschutzkeller geht, noch eine kleine Pause, mit einem sorgenvollen Blick aus der Hoftür zum Himmel. In der Ferne ertönt drohend, immer näher kommend, ein tiefes Dröhnen von Flugzeugmotoren. Das Dröhnen wird immer lauter und bringt die Luft zum Vibrieren. Nun knallen auch die ersten Abschußdetonationen der Flak los und peitschen ihr Echo durch den Himmel. Jetzt wird es Zeit, in den Luftschutzkeller zu gehen und seinen Platz einzunehmen. Jeder sitzt vorschriftsmäßig auf seinem Stuhl, Stahlhelm auf, Gasmaske an der Seite, in den Händen den Koffer mit den wichtigsten persönlichen Unterlagen.

Die ersten Bomben fallen. Weiter weg muß das sein, denn man hört sie vor dem Einschlag noch pfeifen. Der Boden zittert, wie von einem titanischen Schlag getroffen, das Licht flackert, geht zeitweise ganz aus. Wir zünden die Kerzen an. Kalkstaub rieselt von der Decke herab und färbt uns weiß. Das war eine Sprengbombe, ziemlich nah. Jetzt herrscht ein höllischer Lärm, verursacht von den verschiedensten Detonationen. Die gefürchteten Luftminen hört man lange pfeifen und fauchen, bevor sie detonieren. Ein entsetzliches Gefühl der Hilflosigkeit und des Ausgeliefertseins nimmt von uns Besitz.

Frontsoldaten, die so einen Angriff im Keller miterleben mußten, beteuerten immer wieder, daß sie lieber an der Front im Angesicht des Gegners kämpfen würden, als noch einmal dieses Gefühl der Hilflosigkeit erleben zu müssen.

Wir warten auf die nächsten Einschläge. Kommen sie näher, oder entfernen sie sich? Der Motorenlärm ebbt ab. Die Detonationen lassen nach und hören schließlich auf. Wir atmen tief durch. Sollte es für heute vorbei sein? Gottseidank, noch einmal davongekommen. Wir denken voller Mitgefühl an die, die es diesmal getroffen hat. Nicht vergessen, den Kontrollgang durch's Haus, mal sehen, ob auf dem Boden nicht irgendwo eine heimtückische Brandbombe vor sich hinschwelt. Nein, alles in Ordnung. Zwar sind wieder alle Fensterscheiben kaputt, aber im Hantieren mit Pappe, Kitt und Glas sind wir ja inzwischen äußerst routiniert. Hauptsache wir leben noch, sind unverletzt und haben noch unsere Wohnung. Da, ein langezogener Ton: endlich Entwarnung. Der Himmel ist wieder ruhig und sternenklar.

Bei einem Tagesangriff auf Misburg sehe ich in einer Pause bei meinem Kontrollgang über unserem Haus einen Fallschirm schweben, an dem ein Mensch hängt. Offensichtlich haben ihn mehrere Menschen gesehen, und Rufe ertönen: "Der kommt ganz in der Nähe runter! Den kriegen wir. Der landet in der Eilenriede."

Schon ist die Menschenmenge unterwegs und folgt der Richtung des Fallschirms, der schnell sinkend auf die Eilenriede zutreibt. Die Menschen scheint es nicht zu stören, daß man noch in der Ferne den abebbenden Lärm der Flugzeuge hören kann.

In der Höhe der Hammersteinstraße kommt der Fallschirm vorn in der Eilenriede herunter und verfängt sich in einer Baumkrone. Der Flieger scheint benommen und verwundet, bewegt sich aber. "Mörder, komm runter" rufen einige aus der Menge von ungefähr dreißig Menschen. Die meisten aber schauen still dem Mann zu, wie er versucht, sich von seinen Stricken zu lösen. Er zittert. In diesem Moment kommt ein offenes Militärfahrzeug. Zwei Offiziere eilen heran, und einer klettert dem Flieger entgegen. Sie nehmen ihn schützend in ihre Mitte, setzen ihn in den Wagen und verschwinden in Sekundenschnelle. Die Menge zerstreut sich. Entwarnung.

Hoffentlich bleibt dies für heute der einzige Alarm. Wir registrieren resigniert, daß die deutsche Flugabwehr immer weniger in Erscheinung tritt. Wir erleben mit Erschauern, wenn tagsüber die feindlichen Bomberpulks - ein Pulk besteht aus zwanzig Maschinen - am Himmel vorüber fliegen, mit dumpfem Gedröhn und dicht weiße Kondensstreifen hinter sich herziehend, und sind froh, wenn wir an dem Richtungsverlauf erkennen können, daß wir nicht in der Gefahrenschneise liegen. Nachts entfällt diese Erkenntnis, und dadurch verstärkt sich die abwartende Beklommenheit. Wir Jungen kennen inzwischen mehr feindliche Bomber- und Jagdmaschinentypen als die unserer deutschen Luftwaffe.

Namen wie: Bristol-Blenheim, Vickers-Wellington, Halifax, Liberator, Boeing F 17 - die fliegende Festung -, Mosquito, Lightning und Spitfire sind für uns feste Begriffe.

Die immer wiederkehrenden Parolen, wie "Kampf dem Verderb!", " Räder müssen rollen für den Sieg!", "Kohlenklau geht um!", "Psst, Feind hört mit!", gingen uns jetzt kräftig auf den Geist. Hatten wir deren Sinn anfangs noch eingesehen, fanden wir sie jetzt widersinnig, und angesichts der ernsten Situation absolut überflüssig. Die Aufrufe verfingen nicht mehr. Jetzt ging es um's Überleben.

Ende 1943 hatte Hannover noch 278.000 Einwohner. Wer konnte, war auf's Land gezogen. Viele sind evakuiert worden.

In der Nacht zum 9. Oktober 1943 erfolgte dann der bisher größte Schlag der alliierten Luftflotte auf Hannover.

Bomben, Tod und Verderben fielen auf das Zentrum und die Südstadt. 1245 Tote.

Mein Vater, der das Wochenende in Hannover verbrachte, und ich marschierten am nächsten Morgen früh in die Südstadt, um nach Tante Anna und Onkel Wilhelm zu sehen. Tante Anna war die Schwester meiner Großmutter mütterlicherseits, und eine liebenswürdige, vornehme alte Dame. Vor dem Hause Hildesheimer Straße 171 ankommend, mußten wir erkennen, daß die Wohnung in der zweiten Etage zerstört war. Wir machten uns auf die Suche und fanden schließlich die beiden alten Leute, hilflos auf einem geretteten Möbelstück sitzend, auf dem Danziger Platz an der Böhmer Straße. Sie saßen dort, stumm, verschreckt und apathisch inmitten vieler Menschen, die ihr Schicksal teilten. Wir nahmen sie mit ihrem geretteten Handgepäck mit zu uns nach Hause, wo sie zunächst verblieben, bis sie in das Haus Mars-la-Tour-Straße 18, schräg gegenüber der Stadthalle, eingewiesen wurden. Das vornehme Haus gehörte Richard Ganske, der sich mit seiner Idee der Lesemappen "Daheim" einen Namen gemacht hatte.

Für uns Schüler wurde eiligst eine neue Kinderlandverschickung organisiert, und wir Herschelschüler, die noch in Hannover verblieben waren, erhielten die Anweisung, uns schnellstmöglich in dem kleinen Ort   Todenmann bei Rinteln im "Gasthaus Reese - Altes Zollhaus" einzufinden.

Eine Abfahrt vom Hauptbahnhof Hannover mit der Bahn war wegen der Zerstörung durch Bomben nicht möglich, und so packte ich mit Hilfe meiner Mutter meine Sachen auf mein schönes Fahrrad Marke "Geyer Original", und fuhr mit meinem Schulkameraden Schomberg, der am Spannhagengarten 3 wohnte, frühmorgens los.

Über Ronnenberg, Springe, Hameln, Hessisch-Oldendorf nach Rinteln, und von da an bergauf nach Todenmann, wo wir am Nachmittag eintrafen. Die Begrüßung war großartig. Oberstudienrat und Hauptmann Schütte (auf den "Hauptmann" legte er Wert), als verantwortlicher Leiter dieses Lagers, empfing uns mit lobenden und anerkennenden Worten ob unserer Initiative vor den bereits anwesenden Schulkameraden. Diese waren gerade damit beschäftigt, eine Außenlatrine auszubauen, die der Schülerzahl angemessen war. Schomberg und ich wurden von einer Mitarbeit befreit und durften uns ausruhen.

Der kleine Ort Todenmann war auf die plötzliche Unterbringung einer größeren Schülerschar nicht vorbereitet, und so mußten einige von uns, die nicht im Gasthof untergebracht werden konnten, auf Strohsäcken in der gegenüberliegenden Dorfschule verbleiben, bis Notliegen zur Verfügung standen. Einige Glückliche wurden in Privathäuser einquartiert. Auch ich war unter ihnen. Es hatte einen riesigen Vorteil: Die Verpflegung war besser, die Betreuung persönlicher. An Ziegenbutter und an Ziegenkäse mußte ich mich allerdings erst gewöhnen, und ganz ist es mir nie gelungen.

Mit mir war mein Klassenkamerad Horst (Seico) Seizinger bei den biederen Leuten untergebracht, jedoch mußten wir zusammen in einem riesigen Bett unter einer ebenso riesigen Bettdecke schlafen. Wir taten dies auch ganz unbefangen, und genossen den Umgang mit den netten Wirtsleuten, die sich sehr um uns kümmerten.

Leider kam die Geschichte mit dem einen Bett für Zwei unserem Lehrer zu Ohren, und bald fanden wir uns im Gasthof wieder. Im Raum "Carl Peters" - die Namensgebung stammte von mir, aus meiner Vorliebe für unsere Kolonialgeschichte - bezogen wir einzelne Betten, die nunmehr doppelstöckig waren.

Der Gasthof war wunderbar gelegen. Man hatte einen phantastischen Blick auf das sanfte Wesertal und auf die Stadt Rinteln. So war es auch nicht weiter erstaunlich, daß hier auf dem Gelände des Gasthofes ein Denkmal für den Heimatdichter Dingelstedt stand, der das Weserlied verfaßt hat:

Hier habe ich so manche liebe Mal
mit meiner Laute gesessen
hinunterblickend ins weite Tal
mein selbst und der Welt vergessen.

Weniger romantisch war es, wenn wir von diesem Platz aus beobachteten, wie englische Flugzeuge vom Typ "Lightning" - das sind die mit
dem Doppelrumpf - im Tiefflug unter unserer Höhe die Bahnstrecke
entlangflogen und mit den Bordkanonen auf alles schossen, was sich
bewegte oder auch sonst ein lohnendes Ziel zu sein schien.

Im Lager normalisierte sich das Leben allmählich. Nach und nach waren inzwischen weitere Schüler eingetroffen. Oberstudienrat und Hauptmann Schütte regelte den Tagesablauf und gab Englisch- und Deutsch-
unterricht. Sein soldatisches Gehabe ging uns manchmal auf den Geist,
aber damit konnten wir leben. Ja, bei seinen Versuchen, uns englische
Lyrik und Poesie zu vermitteln, konnten wir uns vor Lachen nicht mehr
einkriegen. Wenn dieser martialisch wirkende Mann mit verstellter, zar-
ter Stimme das altenglische Gedicht "'t is the last Rose of Summer" vortrug, sich herunterbeugte zu einem in den Kartenständer gesteckten Bleistift, und ihn verträumt mit innigem Blick anschaute, verloren wir fast
die Beherrschung und konnten unseren Lachzwang kaum unterdrücken.
Diese sehr eigene Art des Vortrags machte uns das Gedicht unvergessen.
Noch heute, wenn ich im Spätherbst einen Spaziergang durch die gepflegten Schrebergärten in meiner Nähe mache und eine Rose sehe, zitiere
ich gern für mich:

'T is The last Rose of Summer
by Thomas Moore 1779 - 1852

'T is the last rose of summer
Left blooming alone;
All her lovely companions
Are faded and gone;
No flower of her kindred,
No rosebud in nigh,
To reflect back her blushes,
To give sigh for sigh.

I'll not leave thee, thou lone one,
To pine on the stem;
Since the lovely are sleeping,
Go, sleep thou with them.
Thus kindly I scatter
Thy leaves oèr the bed,
Where the mates of the garden
Lie scentless and dead.

So soon may I follow
When friendships decay,
An from Love's shining circle
The gems drop away!
When true hearts lie wither'd,
And fond ones are flown,
Oh! who would inhabit
This bleak world alone?

Der frei ins Deutsche übersetzte Text lautet:

Des Sommers letzte Rose
blüht einsam noch fort.
Ihre Gefährtinnen alle
sind welk und verdorrt.
Ihre holden Geschwister
sie nicht mehr umsteh'n
zu spiegeln ihr Glühen,
zu hören ihr Fleh'n

Ich laß' Dich nicht sterben
in einsamer Schmach.
Deine schlafenden Schwestern,
geh, folg ihnen nach.
Und ich streu' Deine Blätter
dann gern auf die Gruft,
wo die Gespielinnen ruhen
ohne Leben und Duft.

Schon bald werd' ich folgen
wenn die Freundschaft erfriert
und die Krone der Liebe
die Perlen verliert.
Wenn die Treusten verwelkt sind
und die Liebsten verweht,
wer möchte noch weilen,
wo's einsam und öd?

Erhebliche Schwierigkeiten hatten wir mit Herrn Schütte's Zensurengebung. Bei schwachen Leistungen vergab er nicht gerade selten auch schon mal Zensuren wie 7 oder 8-9. Das war nun so seine Art, uns gegenüber seine Enttäuschung auszudrücken. Da mittlerweile immer mehr Herschelschüler eintrafen, gab es bald Platzprobleme, und es erfolgte eine vorübergehende Verlegung der oberen Klassen in ein Schulheim in Rosenthal. Das idyllische Dörfchen lag unterhalb der Schaumburg, und bot in seiner Umgebung herrliche Möglichkeiten zum Herumstreifen.

Inzwischen waren wir im Laufe des Lagerlebens clever genug geworden, dafür zu sorgen, daß Gleichgesinnte und befreundete Gruppen geschlossen ein Zimmer bezogen. Auch hier gab es wieder die doppelstöckigen Betten mit Strohsackunterlagen. Die hatten so ihre Tücken. Mein oberer Bettnachbar, Günter Mohrmann, versuchte, eine Unebenheit in der Strohmatratze durch auf- und abhüpfen zu beheben, krachte abernicht nur mit seinem Bett zusammen, sondern durchbrach mit Wucht auch noch das Bett unter ihm, und blieb mit erstaunt aufgerissenen Augen eine ganze Weile wie erstarrt liegen. Gottseidank war der Untermann nicht in seinem Bett, und auch dem Günter war nichts weiter passiert. Als sich der Spannungsschreck löste, schallte ein tosendes Gelächter durch den kleinen Raum, worauf sofort ein Lehrer erschien, und sich nach den Gründen des Lärms erkundigte.
Wegen des Raummangels und der damit verbundenen Enge war auch hier an einen normalen Unterricht nicht zu denken. So streiften wir durch die Wälder und entdeckten unterhalb der oben auf dem Bergkamm liegenden Paschenburg die "Wilhelminenhöhlen", in den wir unsere nicht immer ungefährlichen Kletterpartien machten.
Nach einigen Wochen wurden wir wieder nach Rinteln zurückgeschickt, wo inzwischen drei Lager eingerichtet worden waren. Eines, wie gehabt, in Todenmann, eines in der Stadt Rinteln selbst, im Hotel "Stadt Bremen", und eines oberhalb Rintelns, mitten im Wald, im "Bremer Wanderheim".

Die Schüler unserer Klasse, die die älteste war, wurde wegen der Aufsicht, die sie über die jüngeren Schüler führen sollten, auf die drei Lager verteilt. Ich hatte Glück genug, mit den Mitschülern Günter Langethal, Winfried Fach und Jürgen Hoppe ins "Bremer Wanderheim" zu kommen.

Hier sorgte "Mutti" Buck mit ihrer Tochter "Mausi" und einer freundlichen Russin namens Jenny für unser Wohl. Jenny war durch die Kriegsereignisse von Sibirien nach Rinteln verschlagen worden, und erzählte uns gern von ihrer schönen Heimat, in der es auch kalt war, aber sonnig und trocken und unendlich weit. Wir mochten Jenny und zeigten es ihr auch.

Zum ersten Mal tauchte nun ein Lagermannschaftsführer (Lama) auf, der die Zeit außerhalb der Schulzeit zu organisieren und uns im nationalsozialistischen Sinne zu erziehen hatte. So vermuteten wir jedenfalls. Auch die beiden anderen Lager bekamen einen Lama.

Unserer hieß Günter Kater, stammte aus Hannover-Linden und war uns sofort sehr sympathisch, da er seine Aufgabe mit einer gewissen Gelassenheit und Unverkrampftheit versah. Disziplin mußte sein, das wußten wir, das war uns anerzogen. Wir konnten uns immer darauf verlassen, daß die von ihm organisierten Spiele und Unternehmungen auch funktionierten und Spaß machten. Für die besonderen Interessengebiete von uns älteren Schülern zeigte er, als gerade um ein paar Jahre älter, entgegenkommendes, ja manchmal sogar verschwörerisches Verständnis.

Im Lager Todenmann tauchten eines Tages zwei neue Schüler auf, die uns sehr beeindrucken sollten, "Glatze Baer" und "Pius Schramme". Die Sage ging, beide seien wegen disziplinlosen Verhaltens von der Leibniz-Schule geflogen, und sollten nun zum Zwecke der Läuterung vorerst bei uns verweilen.

Sie waren etwa zwei Jahre älter als wir und wirkten ausgesprochen abgeklärt und selbstsicher auf uns. Sie begriffen sehr schnell, welche Rolle sie bei uns spielen konnten. "Glatze Baer", ein hübscher, hoch aufgeschossenen Junge mit dunklem, nach hinten gekämmtem Haar, hatte schon eine Kriegsauszeichnung. Er hatte bei einem Luftangriff entschlossen gehandelt, so daß mit seiner Hilfe Menschenleben gerettet wurden. Dafür war ihm das Kriegsverdienstkreuz (KVK) verliehen worden. Er trug das Band dazu an seiner Jungvolkuniform, und wir zollten ihm für diese, für Jugendliche seltene, Auszeichnung große Achtung. Die beiden Neuen erwiesen sich als nützlich, was unseren intellektuellen Horizont betraf. Sie klärten uns nicht nur über die Beziehung der Geschlechter auf, sie informierten uns auch über die aktuelle Situation des deutschen Schlagers, den sie im Vergleich zur amerikanischen "Hotmusik" für provinziell hielten.

Doch auf diesem Gebiet hatten wir schon einen eigenen Experten, der sogar ihnen noch so manche Lehrstunde geben konnte. Günter Langethal, ein Klassenkamerad mit feuerrotem Haar und entsprechendem Temperament, besaß weitreichende Kenntnisse amerikanischer Musik, da seine Eltern eine größere Sammlung entsprechender Schellackplatten besaßen. Eine kleine, intime Gruppe unserer Klasse fand sich, so oft es ging, an geheimem Ort, um mittels eines alten Koffergrammophons dieser Musik zu frönen. Immerhin war es verboten, diese "dekadente Negermusik" zu hören.

Das Grammophon war zwar gerade nicht mehr taufrisch, konnte aber, wenn der aufgedrehte Motor nicht mehr durchzog, mit mechanischer Drehung mittels eines Fingers zum Abspielen gebracht werden. Im Rhythmus der Musik tanzten wir dann einzeln den "Schüttelpinguin", den uns die beiden Neuankömmlinge gelehrt hatten. Unser amerikanischer Lieblingsschlager war "Laughing at Life", aber dann folgten auch gleich die bekannten Titel wie "Goody-Goody", "Lambethwalk", "Body and Soul", "Jeepers-Creepers", "Flat-Foot-Floogie", "A Tisket a Tasket" und "Bei mir bist Du schön".

Für einige Songs gab es deutsche Texte, die wir dann singen konnten.

"Onkel Leo tanzt im Geo* einen Swing, goody-goody."

Oder "Lambeth" wurde schlicht in "Lambert" umgetauft.

"Kennst Du Lamberts Nachtlokal?
dort tanzt jeder gern einmal,
von abends bis morgens früh,
immer nach der selben Melodie."

Die letzten Zeilen wurden hin und wieder etwas abgewandelt.

"Frauen tanzen nackt,
werfen mit Fromm's Act."

oder:

"... und nach jedem Tanz,
fassen Sie die Männer an den ...",

na, lassen wir das!

* Abkürzung für "Georgspalast"

Mit der Zeit wußten wir durchaus die europäischen und amerikanischen Orchester einzuordnen. Harry James, Louis Armstrong, Jimmy Lunceford, Teddy Stauffer, Fud Candrix, Johnny Wralick, Benny Goodman, Jimmy und Tommy Dorsey und Cab Calloway waren uns mittlerweile vertraut. Besonders beliebt waren bei uns auch die Mills Brothers, eine Gesangsgruppe, die täuschend ähnlich Musikinstrumente nachahmen konnte. Günter Langethal hatte sich durch die Weitergabe seiner Kenntnisse auf diesem Gebiet so verdient gemacht, daß ihm unsere kleine Gruppe den Doktortitel verlieh. Fortan wurde er nur noch mit "Doktor" angeredet.

Die jüngeren Schüler waren jeweils im geschlossenen Klassenverband in einem Lager untergebracht und erhielten dort auch ihren Unterricht. Wir älteren Schüler - um die vierzehn Jahre alt - , wegen der Aufsichtsaufgaben auf drei Lager verteilt, bekamen unseren Unterricht im Gymnasium in Rinteln. So marschierten wir , quasi im Sternmarsch, jeden Schultag von Todenmann und vom Bremer Wanderheim nach Rinteln, wo wir vor dem Hotel "Stadt Bremen" auf den Hauptteil unserer Klasse trafen. Der Unterricht im Gymnasium erfolgte umschichtig mit den ortsansässigen Schülern.
Rinteln ist für mich eine der reizendsten Städte Niedersachsens und hat das Flair einer verträumten Kleinstadt, in der die Zeit stehenzubleiben schien. Der schöne Marktplatz mit dem von uns so oft besuchten Café Sinke, die von hohen Bäumen umgebene Kirche mit ihrem charakteristischen Glockenturm. Selbst der Schulhof de Gymnasiums an der Hauptstraße, von hohen Bäumen begrenzt, wirkte anheimelnd. Die ganze Szenerie hätte im Original glaubwürdig als Vorlage für den damals so erfolgreichen Film "Die Feuerzangenbowle" dienen können.
Mit der Bevölkerung hatten wir weniger Kontakt, machten uns auch nicht beliebter, wenn wir nachts auf dem Weserarm in mühseliger Kleinarbeit heimlich die Boote lösten, auf die andere Seite brachten und dort wieder vertäuten. Auch trug es nicht gerade zu unserer Beliebtheit bei, wenn wir unsere selbstgebastelten Kleinbomben zur Explosion brachten. Das Pulver dazu fanden wir häufig genug bei unseren Streifzügen in den Wäldern, wenn wir auf nicht gezündete Bordmunition stießen, die von den Flugzeugen stammte. Wir kniffen die Patrone von der Hülse ab und entnahmen der Hülse die dünnen Pulverstangen. Aus diesen und anderen Gründen stand hin und wieder in der Rintelner Tageszeitung ein Artikel, der sich kritisch mit unserem Auftreten befaßte. Wenn wir Schüler aus den drei Lagern in Jungvolkuniform zackig durch die Stadt marschierten - "Glatze Baer" mit dem KVK im ersten Glied -, dabei lauthals sangen und die Rintelner uns zusahen, empfanden wir eine gewisse innere Genugtuung, gezeigt zu haben, wer wir sind.

Einige von uns begannen jetzt auch mit ihrem Konfirmandenunterricht beim örtlichen Pastor.

Der Besitzer des einzigen Kinos freute sich jedenfalls über die neue Kundschaft, die ihm erwachsen war. Wir waren häufige Gäste. Der Film "Paracelsus" im Rintelner Kino ist mir bis heute unvergeßlich. Da nicht alle Filme "jugendfrei" waren, mußten wir uns oft älter machen, um durch die Kontrolle zu kommen. Es klappte nicht immer, erst im Dunkeln zu erscheinen, mit einem Hut (Bibi) auf dem Kopf, mit tiefer Stimme zu sprechen und dann hereinzukommen. Man erkannte uns eben trotzdem und schickte uns hinaus.

Eine paradoxe Situation, wenn man bedachte, was uns an Kriegserlebnissen sonst schon zugemutet wurde.

Das Weihnachtsfest 1943/44 rückte näher, und alles freute sich darauf, über die Feiertage bei den Eltern sein zu dürfen. Die mußten dafür eine Erklärung unterschreiben, in der sie die volle Verantwortung für das Kind übernahmen.

Für mich hatte sich das Schicksal eine Überraschung besonderer Art ausgedacht. Meine Mutter war erkrankt, mein Vater bei seiner verantwortungsvollen Aufgabe unabkömmlich, und so geschah es, daß ich zusehen mußte, wie alle Schulkameraden sich nach und nach von mir verabschiedeten und freudig das Heim verließen.

Am heiligen Abend lag ich dann allein in den 18-Betten-Schlafsaal in meinem Bett und fragte mich: "Warum?"

Ich dachte dann traurig an meine Mutter und hoffte, daß sie sich bald erholen möge. Dann würden wir alles nachholen.

Im Hause ertönte Weihnachtsmusik und jemand sang dazu. Familie Buck hatte Besuch aus Bremen bekommen und feierte jetzt.

Mit einem Male ging die Schlafsaaltür auf, Frau Buck nahm mich wortlos bei der Hand, gab mir von meinem Hocker neben dem Bett was zum Anziehen und führte mich in ihr Wohnzimmer, wo sie mit ihrem Besuch das Weihnachtsfest beging. Ich bekam einen Teller mit Süßigkeiten und ein Glas Tokayer. Wir sprachen über alles mögliche, und mit einem Male war der Heiligabend vorüber.

Mit dem Besuch aus Bremen war auch ein gleichaltriges, hübsches Mädchen gekommen, mit dem ich an den beiden Feiertagen ausgelassen spielen und toben konnte. Das ganze Haus stand ja leer und bot viele Möglichkeiten, sich zu verstecken.

Nur abends wurde es wieder einsam in dem großen, dunklen und stillen Schlafsaal mit den achtzehn Betten.

Aber auch die Weihnachtstage gingen vorüber, und die "Kumpels" stellten sich alle, von mir freudig erwartet, wieder ein.

Bei einigen Schülern machten sich die ersten Anzeichen der Pubertät bemerkbar. Die Stimme kippte manchmal um, der Stimmbruch kündigte sich an. Über Mädchen wurde jetzt häufiger gesprochen, und die ersten prahlerischen Geschichten von Erlebnissen mit ihnen machten die Runde. Wir wußten, daß das meiste geflunkert war, aber wir hörten die Geschichten trotzdem gern und - man konnte ja nie wissen?!
Im Gymnasium Rinteln wurden auch Mädchen unterrichtet, die von uns mit besonderer Aufmerksamkeit beobachtet wurden. Ein Mädchen vor allem, fiel durch seine Schönheit auf. Es hieß Ursel Poppe, und jeder von uns wünschte sich, einmal mit ihr gesehen zu werden. Das würde einem höchste Achtung bei den Mitschülern einbringen. Vorerst traute sich jedoch keiner von uns so recht, die selbstsicher wirkende Ursel anzusprechen, und so beschlossen wir gemeinsam, daß "Glatze Baer", der mit seinem Verdienstkreuz und seinem Aussehen die größte Chance haben mußte, den Versuch wagen sollte. Geschmeichelt versprach er, das Unternehmen anzufangen, und uns an seinem Erfolg teilhaben zu lassen. Er wollte sich mit ihr verabreden, sie an einem bestimmten Ort zu einer Bank führen und dort küssen. Wir konnten, gut getarnt, in der Nähe dieser Bank verharren, und den Vorgang beobachten.
Die große Pause kam, und unser "Glatze Baer" sollte den ersten Schritt zur Annäherung tun und das Mädchen ansprechen. Ein bißchen nervös war unser Held schon, aber zurück konnte er nun auch nicht mehr.
Zu seiner Unterstützung stellten wir uns an eine Hausecke und sangen den Text eines bekannten Schlagers:

> "Eins, zwei, drei, Liebe ist nur Zauberei.
> Ein kleiner Trick dabei,
> Hokus. pokus und sie liebt Dich.
> Sei ein Mann, geh' nur 'ran,
> <u>wer nicht rangeht schafft es nie!</u>

Die letzten beiden Zeilen brüllten wir ziemlich laut heraus und sahen in der Tat, wie "Glatze" das Mädchen ansprach und sich mit ihm eine kleine Weile unterhielt. Mit dem Lächeln eines Siegers kam er zurück und berichtete kühl: "Die Sache steigt übermorgen."
Voller Spannung waren wir auf unseren Beobachtungsposten und harrten der Dinge, die da nun kommen sollten.

Erstmal kam gar nichts, dann erschien "Glatze" - allein - und berichtete in fast gleichgültigem Ton und betont gelassen wirkend, daß Ursel zwar zum Treffpunkt gekommen sei, aber nur, um abzusagen, weil sie ihrer Mutter zur Hand gehen sollte. Wir hatten beim Anhören dieser Story so unsere Zweifel, ließen die Sache aber auf sich beruhen. Ich hatte jedenfalls realisiert, daß ein Junge in unserer Gruppe erst dann etwas galt, wenn er schon eine gewisse Erfahrung im Umgang mit Mädchen hatte. Besser war noch, man konnte eine Freundin nachweisen, wie zum Beispiel Günter Langethal, der uns immer wieder mit kleinen Geschichten aus seinem großen Erfahrungsschatz im Umgang mit seiner Freundin in Bad Gandersheim in den Zustand neidvoller Bewunderung versetzte. Hier half mir nun eine gute Spielfreundin enorm. Helga Hoffmann, mit der ich während meiner Zwischenaufenthalte oft in Hannover gespielt hatte. Sie wohnte in der Podbi. Ihr Vater hatte ein Speditionsfirma und schien gutsituiert zu sein. Jedenfalls ließ die Auswahl ihrer Spielsachen, unter anderem ein großes Puppenhaus mit mehreren Etagen, diesen Schluß zu. Auch ein großes Grammophon mit einer gläsernen Rundumabdeckung beeindruckte mich sehr.

Helga war mit ihrer Klasse inzwischen selbst in der KLV, und in Neuhaus am Solling untergebracht. Ihr schrieb ich dorthin einen freundlichen Brief, und bekam postwendend einen lustigen Brief, in dem sie mir auch einen Witz aufgeschrieben hatte, zurück.

Unser Lehrer, Dr. Blumenthal, verlas beim Postverteilen in meinem Falle nicht nur den Namen des Adressaten, sondern mit einem bedeutungsvollen Blick auch den Namen des Absenders. Mein Ansehen stieg rapide.

Hinzu kam, daß mir Jenny, die sibirische Küchenhilfe, ab und zu einen Extrahappen zum Essen zusteckte, und die Schulkameraden vermuteten bei mir eine gewisse Anziehungskraft gegenüber dem weiblichen Geschlecht. Für mich war die Erklärung profaner; ich war einfach zu dünn und schmächtig, als daß man sich so einen in der Verpflegungsgruppe hätte leisten können.

Mit der Liebe hatte ich natürlich auch so meine Probleme, nur, mit wem konnte man schon darüber sprechen? Vor allem, wenn die Liebe unglücklich war und nicht erwidert wurde.

Sie hieß Christa Dormann und wohnte in Hannover in der Bessemerstraße 18. Für mich war sie der Inbegriff des schönen Mädchens, mit Selbstbewußtsein und Charme. Lange blonde Zöpfe, blaue Augen in einem schmalen Gesicht, eine schöne gerade Nase und eine schlanke Figur, das waren ihre äußeren Attribute. Als sie mir eines Tages begegnete und mich anschaute, war ich hin. Mein Freund Gerhard, dieser Glückspilz, wohnte nicht nur in derselben Straße, sondern hatte auch mit ihr gemeinsamen Konfirmandenunterricht.

Als ich ihm mein qualvolle Situation schilderte und ihn bat, mir zu helfen sie kennenzulernen, mußte ich feststellen, daß er meinen Enthusiasmus nicht teilte. Besondere Aktivitäten konnte ich also von ihm nicht erwarten, und so blieb mir nichts weiter übrig, wenn ich in Hannover war, so oft als möglich, natürlich rein zufällig, in der Bessemerstraße mit meinem Fahrrad aufzukreuzen und auf die Hilfe des Schicksals zu hoffen. Ritter Toggenburg mit seiner Beharrlichkeit war ein Waisenknabe gegen mich. Eines Tages, ich wollte schon enttäuscht nach Hause fahren, sah ich sie die Straße überqueren und dem Haus zustreben. Ich riß all meinen Mut zusammen, fuhr ihr entgegen und merkte, daß ich einen puterroten Kopf bekam. Im Vorbeifahren konnte ich nur noch "Guten Tag,

Die "Kinderlandverschickten", in der unteren Reihe der erste von links, der Autor

Christa" rufen, und dann voller peinlicher Gefühle und blamiert schnellstens verschwinden.

Ein persönlicher Kontakt kam nie zustande, und so konnte ich jahrelang
einer Liebe nachtrauern, die, wie ich glaubte, meine große gewesen wäre.
Besagte Christa hat von alledem nichts gewußt und wird es auch nur
erfahren, wenn ihr der Inhalt dieses Buches zur Kenntnis gebracht würde.

Im Bremer Wanderheim erfüllte es mich dagegen eines Tages mit besonderem Stolz, als mich Dr. Blumenthal zum Reiseleiter ernannte, der mit ein paar
jüngeren Schülern zu einigen Orten im Harz reisen sollte. Hier waren die
Versorgungsläger eingerichtet worden, aus denen dringender Bedarf der
KL-verschickten Kinder an Nahrungsmitteln und Kleidungsstücken ge-
deckt wurde. Im Bremer Wanderheim wurden die Bedarfslisten aufgestellt
und ich organisierte die Reisetermine. Eines Abends fuhr dann unser Trupp,
bestehend aus sechs Schülern mit Koffern, Rucksäcken und Körben vom
Bahnhof Rinteln los. Über Hameln nach Goslar. Von dort konnten wir erst
mit dem Frühzug weiter, und ich benutzte die Gelegenheit, die beste Freundin meiner Mutter, Tante Else, zu besuchen, die mit ihrer Tochter vor den
Bomben dorthin geflüchtet war. Die Freude war groß, und Tante Else machte
mit eine riesige Portion Bratkartoffeln mit Speck und Spiegeleiern, die ich
gierig verschlang. Schon nachts auf dem Weg zum Bahnhof Goslar wurde
mir sehr übel, und mein Körper, an solch gehaltvolles Essen nicht ge-
wöhnt, entledigte sich der schönen Mahlzeit auf mehrwegige und schmerzhafte Weise. Erschöpft legte ich mich in unserem Frühzug oben ins Ge-
päcknetz, um möglichst unbehelligt unserem Ziel entgegenzufahren. Am
Rande jedoch vermittelte sich mir der Eindruck, daß es unter normalen
Umständen nichts Romantischeres geben könne, als früh morgens in der
Dämmerung mit der Bahn durch den Harz zu fahren.
Die Einkaufstour nach Langelsheim und Rübeland erwies sich als voller
Erfolg, denn ich brachte mehr Materialien mit, als man zu hoffen ge-
wagt hatte. So kam es, daß man mich noch einige Male mit wechselnder
Mannschaft auf Einkaufstour schickte. Allmählich hatten wir uns in
Rinteln mit den gegebenen Umständen arrangiert und eingewöhnt, als
es schon wieder hieß: Verlegung in ein anderes Lager.

Die drei Lager wurden aufgelöst und alle Schüler fuhren geschlossen
nach Stadtoldendorf im Solling und zogen im April 1944 in "Hemmes
Bahnhofshotel" ein. Wiederum gelang es unserer kleinen Freundesgruppe,
geschlossen ein 6-Bett-Zimmer zu belegen.

Auch hier passierte es wieder, daß ein freundliches Mädchen vom Küchenpersonal, Wanda aus Polen, mir und meinen Stubenkameraden so manchen Brotknust außer der Reihe zukommen ließ. Das hatten wir auch bitter nötig, denn das Essen war nicht nur knapp bemessen, es war auch hundsmiserabel schlecht. Wir schoben regelrecht, wie man so sagte, "Kohldampf", und nicht jeder war in der glücklichen Lage, von zu Hause noch mit Extrazuwendungen versorgt zu werden. Als wir dann eines Tages in Wasser aufgelöste Trockensteckrübenstreifen vorgesetzt bekamen, schlicht "Drahtverhau" genannt, streikten wir und sangen tapfer das Lied des Suppenkaspars:

"Ich esse meine Suppe nicht,
nein, meine Suppe eß' ich nicht,
nein, nein, nein, meine Suppe eß' ich nicht!"

Auf irgendwelchen Wegen muß die Situation im Lager zur Kenntnis höherer Stellen gelangt sein, denn eines Tages erschienen ein paar fremde Erwachsene, die sich auffällig unauffällig im Hause umsahen und mit der Heimleitung ein langes Gespräch führten. Bald danach wurde es mit dem Essen etwas besser. Trotzdem bekamen wir einmal zu einer Mittagsmahlzeit Rübenblätter vorgesetzt. Ich selbst habe diese Aufschrift auf einem Paket mit dem Inhalt getrockneter Rübenblätter gelesen.
In den Osterferien durften wir nach Hause, wiederum mit der Einverständniserklärung unserer Eltern. Nachdem ich meine Mutter liebevoll begrüßt hatte, war ich bald unterwegs auf der Suche nach meinem Freund Gerhard, den ich lange nicht gesehen hatte. Von Gerhards Großvater erfuhr ich, daß Frau Schultze mit ihren drei Kindern beim Bauern Höpke in dem klitzekleinen Dorf Stehlen bei Sulingen Unterkunft gefunden hatte. Ich schrieb ihm eine Postkarte, und postwendend kam eine Einladung zu Gerhards Konfirmation. Aber wie dort hinkommen? Hier half mir Gerhards Vater, der in der Kaserne am Nordring eine wichtige Position in der Treibstoffverwaltung innehatte und entsprechend Einfluß besaß. Konspirativ verabredeten wir, daß ich an einer bestimmten Stelle, weitab von der Kaserne, auf einen bestimmten Wehrmachtswagen mit Holzgasgenerator warten sollte. Wenn er bei mir hielt, sollte ich schnell einsteigen und mich sofort verstecken. Es klappte reibungslos. Gerhards Vater war ein gewisses Risiko eingegangen, denn die Mitnahme von Zivilpersonen war natürlich nicht erlaubt. Als wir in Stehlen ankamen, war die Freude groß. Zuerst bekam ich ein deftiges Frühstück, und dann führte mich Gerhard auf dem Bauernhof herum. Derweil zupfte seine Mutter einem großen Kapaun die Federn aus und berei-

tete den Kuchenteig. Es war fast wie im tiefsten Frieden. Am nächsten Tag fand die Konfirmation statt, in Sulingen.

Mangels Transportmöglichkeit blieb ich im Dorf und freute mich, als die Teilnehmer bald von der Kirche zurückkehrten. Das Mittagsmahl und der Nachmittagskuchen waren unbeschreiblich köstlich.

Nach dem Kaffee gingen Gerhard und ich durch's Dorf und trafen auf ein paar Jungen, mit denen Gerhard sich inzwischen angefreundet hatte. Nach einigen harmlosen, anzüglichen Scherzen bezüglich Land- und Stadtmensch, verstanden wir uns ganz gut. Doch versetzte es mir einen Schock, als einige Dorfjungen aus einem mitgeführten Korb einige Eier nahmen, und sie lachend an eine Häuserwand warfen, wo sie zerschellten und das Innere nur so herunterlief. Mit lustigen Spielen hatte das für mich nichts mehr zu tun und ich mußte daran denken, wie wir uns manches Mal nach einem richtigen Ei gesehnt hatten. Ich versuchte, das den Jungen klarzumachen, aber sie verstanden mich nicht. So war es dann gut, daß Gerhard und ich, wieder allein, uns sehr viel zu erzählen hatten. Viel zu schnell war Ostern vorbei, noch ein kurzer Besuch bei der Mutter in Hannover, frische Wäsche mitgenommen, und schon war ich wieder in dem ungeliebten Lager in Stadtoldendorf.

Im Juni besuchte mich mein Vater, der mir schonend beibrachte, daß mein Großmutter gestorben sei.

Da ich inzwischen 14 Jahre alt geworden war, ein Alter, in dem man lange Hosen tragen konnte, schenkte mir mein Vater einen Anzug, dessen Erwerb sicher mit großen Umständen verbunden gewesen war. Ich sah meinem Vater an, daß er stolz auf seine Errungenschaft war und ließ mir meine Enttäuschung nicht anmerken, als ich feststellte, daß der Anzug ein sogenannter Knickerbockeranzug war, rostbraun mit großen Karos.

Wegen meiner dünnen Beine hielten die unteren Hosenbeinenden ihre vorgesehene Position unter dem Knie nicht ein, sondern rutschten immer wieder schlaff bis auf die Knöchel herab. Als dann noch die Stubenkameraden mitleidig lächelnd von einem "Achttagelokus" sprachen, legte ich den Anzug in den Koffer zurück, um für lange, lange Zeit seine Existenz zu ignorieren.

Die Kriegslage wurde immer bedrohlicher. An einen Sieg vermochten wir nun nicht mehr zu glauben. Die sogenannten Wunderwaffen hatten keine entscheidende Wirkung gezeigt. Die Russen waren auf dem Vormarsch. Auf Hitler waren mehrere Attentate verübt worden, doch die "Vorsehung", die er oft zitierte, hatte ihn überleben lassen.

Wir waren vierzehn bis fünfzehn Jahre alt und rechneten innerlich damit, bald zu Flakhelfern ausgebildet und eingesetzt zu werden, oder in ein WE-Lager (Wehrertüchtigungslager) zu kommen, wo die zukünftigen Soldaten ausgebildet wurden.

Das war schon bedrückend, aber noch beherrscht uns der Optimismus der Jugend. Zunehmend machten boshafte Witze die Runde und machten deutlich, welche innere Einstellung die meisten Menschen im Lande zu der Situation hatten. Ein gängiger Witz bei uns Jugendlichen ging so: Zwei Männer in einem Auto überfahren in einem Dorf einen Hund, der dabei stirbt. Voller Schreck überlegen die beiden Männer, wie sie dem als jähzornig bekannten Hundebesitzer die Nachricht überbringen sollen. Keiner bringt zunächst den Mut auf. Schließlich ermannt sich der eine, und geht auf den Bauernhof zu. Der andere bleibt im Wagen sitzen und bereitet sich darauf vor, den anderen zu trösten oder gar zu verarzten. Endlich kommt der eine zurück, beladen mit Würsten, Schinken und anderen Nahrungsmitteln, sichtlich noch unter Schock stehend.

"Um Gottes Willen, was ist passiert?`"

"Ich weiß nicht genau, ich bin nur reingegangen zu dem Bauern und habe gesagt 'Heil Hitler, der Hund ist tot', da hat der Bauer gelacht und mir das alles in die Hand gegeben.

Im Juli 1944 wurde unsere Klasse wieder nach Hannover zurückgeschickt. Unterricht ist in der Herschelschule, die dank des Einsatzes des Hausmeisters Lange am 9. Oktober 1943 einen Angriff mit Brandbomben überstanden hatte. Fliegeralarme gehörten nun wieder zum gewohnten Tagesablauf. Wenn sie uns in der Schule oder auf dem Nachhauseweg überraschten, gingen wir in den Welfenplatzbunker. Bei Tagesalarm war er oft so besetzt, daß keine Sitzplätze vorhanden waren. Die Luft war entsprechend schlecht, und einmal wurde mir so übel, daß ich kurz vor dem Umkippen war. In letzter Sekunde bot mir eine Frau, die mir mein Unwohlsein angesehen hatte, ihren Platz an und ich erholte mich allmählich.

Zu Hause wurden die Schwierigkeiten auch größer. Meine Mutter war durch ihre Krankheit und mangelhafte Ernährung so schwach geworden, daß ich ihr bei Alarm beim Anziehen helfen mußte. Auch beim Gang in den Luftschutzkeller war sie auf meine stützende Hilfe angewiesen. Sie litt sehr unter diesen Umständen, und ich versuchte ihr zu helfen, indem ich mich betont männlich benahm und Zuversicht ausstrahlte. Ich fürchte, sie durchschaute das, und sie litt nur noch mehr darunter.

Am 7. September wurden die Schüler der Jahrgänge 28 und 29 zu einem Einsatz nach Holland beordert. Sie sollten dort Verteidigungsstellungen für die deutsche Wehrmacht ausheben. Doch nach ein paar Tagen waren sie mit einem Male wieder da.. Ein Angriff alliierter Luftlandeverbände hatte ihrem Einsatz ein Ende bereitet. Den Zurückgebliebenen der jüngeren Jahrgänge erzählten sie dann von ihren abenteuerlichen Erlebnissen.

Da sich der gesundheitliche Zustand meiner Mutter verschlechterte, schlug ihr Dr. Stolte, Chefarzt einer kleinen Privatklinik in der Waldstraße, vor, sich einem operativen Eingriff zu unterziehen. So kam es, daß Dr. Stolte am Morgen des 22. Oktobers mit seinem Cabriolet vor unserem Hause vorfuhr, und meine Mutter abholte. Ich schaute aus unserem Erkerzimmer zu, wie sie sich in den Wagen setzte und mir liebevoll noch einmal zuwinkte. Dann setzte sich der Wagen in Bewegung und verschwand an der Ecke in die Karl-Kraut-Straße.

Am nächsten Tag sollte die Operation sein, und in hoffnungsvoller Erwartung fand ich mich nachmittags in der Klinik ein, um mich nach dem Befinden meiner Mutter zu erkundigen. Mir wurde jedoch nur kurz und bündig klargemacht, daß meine Mutter noch der Ruhe bedürfe und ich mich am nächsten Tag wieder einfinden solle. Die Ungewißheit war quälend. Mein Vater war von ihr erst kurz vor dem OP-Termin informiert worden. Sie wollte ihm zum Weihnachtsfest eine freudige Überraschung bereiten, indem sie ihm gesund und munter gegenübertrat.

Am nächsten Morgen war erst einmal Unterricht. Mitten in der dritten Stunde öffnete sich die Klassentür und unser stellvertretender Direktor, Dr. Krafft, trat herein. Er rief meinen Namen auf und sagte: "Du kannst nach Hause gehen und Deine Sachen mitnehmen, Du hast frei." Auf dem Flur vor dem Klassenzimmer stand unsere Nachbarin, Frau Renner.

"Ist etwas mit meiner Mutter?"

"Komm erst mal mit nach Hause."

Stumm und voll banger Erwartung stand ich neben ihr, als wir mit der Straßenbahn heimwärts fuhren. Mit geschärften Sinnen und voller Mißtrauen beobachtete ich auf der Podbi einige mir bekannte Frauen, die, als wir uns ihnen näherten, tuschelnd ihre Köpfe zusammensteckten, und mich mit seltsamen Blicken verstohlen ansahen.

In der Wohnung angekommen, sagte mir Frau Renner einfühlsam, daß meine Mutter an den Folgen der Operation, einer Sepsis, gestorben sei. Ich begriff es nicht, ging zum Erkerfenster, schaute hinaus wie vor zwei Tagen und hatte die Abschiedsszene für einen kleinen Moment noch einmal vor Augen. Doch dann war die Straße wie immer, nichts schien verändert. Frau Renner merkte, daß ich allein sein wollte und zog sich zurück.

Spät abends kam mein Vater, nahm mich in die Arme mit einer Zärtlichkeit, die ich bei ihm vorher noch nie erlebt hatte.

Die Trauerfeier fand in der Kapelle auf dem Engesohder Friedhof statt. Trotz möglichen Alarms waren viele Trauergäste gekommen, und ich fühlte mich ziemlich verloren. Als ich meinen Platz in der ersten Reihe einnehmen wollte, trat der Pastor auf mich zu, fragte mich, ob ich der Sohn sei und sagte dann: "Armer Junge, aber Du weißt ja, wen Gott lieb hat, den holt er früh zu sich." Er konnte nicht ahnen, was er damit bei mir auslöste; meine lebenslange kritische Auseinandersetzung mit der christlichen Religion.

Jeder Mensch hat in seinem Leben seine Schlüsselerlebnisse, der eine mehr, der andere weniger. Dies hier war nun eines für mich, und deshalb sei mir folgender kleiner Exkurs erlaubt.

Ich war nicht religiös erzogen worden. Es gab damals den Begriff "gottgläubig". Mein Großvater mütterlicherseits war ein Freund der Philosophie und insbesondere ein Anhänger Nietzsches. Die Erkenntnisse seiner Denkprozesse hatte er seinen Kindern - meiner Mutter und meiner Tante - weitergegeben.

Mein Vater, der wie er gern betonte, aus einem christlichen Hause stammte, hatte sich aufgrund seiner Lebenserfahrungen, und besonders wegen seiner Kriegserlebnisse, zu einem kritischen Geist entwickelt. Seine Denkweise hielt er für humanistisch, wie sie im Altertum von Plato und Aristoteles und den erweiterten Erscheinungsformen bei den Stoikern, Epikuräern und Skeptikern vertreten wurde. Ich hatte von meinem Vater den Hang zur Nachdenklichkeit geerbt, und war früh gewohnt, Dinge nicht einfach ohne kritische Nachprüfung zu übernehmen. Der Religionsunterricht, wenn er denn überhaupt stattfand, glich mehr einer Legendenerzählung als einer erklärenden Auseinandersetzung mit der Entstehung und Berechtigung der christlichen Religion. Einen jungen Menschen von 14 Jahren bewegten natürlich eine Menge Fragen, und ich in meiner Situation stellte sie mir immer wieder. Warum mußte Gott mir meine Mutter nehmen? Aus Egoismus? Wußte er eigentlich, was er mir, meiner Schwester, meinem Vater und allen, die meiner Mutter nahestanden, antat? Gewiß, in jenen Tagen war der Tod nichts außergewöhnliches. Jeden Tag standen allein 10 bis 20 Anzeigen in der Zeitung, in denen der Tod von jungen, an der Front gefallenen, Soldaten beklagt wurde. Hinzu kamen die zivil Gestorbenen, oder auch bei Luftangriffen getöteten Menschen. Ein Einzelschicksal fiel hier weiter nicht auf. Aber als Individuum reagierte ich auf meine ganz persönliche Art. Erst folgte eine Phase der inneren Leere, dann eine Phase der Enttäuschung vom Leben und dann eine Phase der Wut, mit dem brennenden Verlangen, den

Schuldigen zu finden. Vorerst blieben alle meine Fragen unbeantwortet,
und meine Aktivitäten wurden durch die sich überstürzenden Ereignisse
in eine andere Richtung gelenkt. Erst etliche Jahre später, als mein Le-
ben in gefestigteren Bahnen verlief, setzte sich bei mir der Wunsch nach
Sinndeutung wieder durch, und ich befaßte mich nun als Autodidakt mit
der entsprechenden Literatur. Die Psychologie schien mir als erstes ge-
eignet zu sein, mehr über den Menschen zu erfahren. Ich las Freud, Jung,
Adler, Bloch und Bühler, aber auch sehr triviale Ergüsse anderer Auto-
ren. Befriedigung und Antwort fand ich nicht. Vielleicht manche Erklä-
rung. So trachtete ich danach, mich der Philosophie zu nähern, und
versuchte mich an einigen Schriften von Kant, Hegel und Nietzsche.
Manches glaubte ich zu verstehen. Vieles überhaupt nicht. Da machten
es mir die Autoren etwas leichter, die sich mit der christlichen Religion
auseinandersetzten. Szczesny, Bultmann, Deschner, Grant, Augstein und
andere sagten mir schon etwas mehr. Nach vielen, vielen Jahren habe
ich in Bertrand Russell jemanden gefunden, der alles klar und deutlich
sagte, was ich dachte und empfand. Und er beantwortete meine Fragen
auf eine für mich so sehr verständliche Art. Erst Bertrand Russell, der
englische Philosoph und Mathematiker, gab mir Suchendem eine weit-
reichende Zufriedenheit und die ersehnte Ruhe.

Zurück zum Oktober 1944. Mein Vater machte sich große Sorgen, was nun
mit mir werden sollte. Meine Schwester war immerhin gut aufgehoben. Die
Schwestern meines Vaters hielten sich diskret zurück. Eine Schwester, die
in Linden wohnte, sagte aber immerhin nach der Trauerfeier: "Dieter, Du
kommst sicher mal vorbei." Mein Vater hat ihr diese Oberflächlichkeit nie
richtig verziehen.
Die Lösung des Problems kam schließlich von einem Menschen, an den
wir zunächst gar nicht gedacht hatten. Tante Anna, die Schwester meiner Oma, die Hochbetagte, die Ausgebombte, selber nicht mehr so ganz
gesund, erklärte kategorisch: "Der Junge kommt natürlich zu uns." Also
zog ich mit ein paar Sachen in die Mars-la-Tour-Straße 18, wo Tante
Anna, ihr Mann Onkel Wilhelm nebst Sohn und Schwiegertochter nach
ihrer Ausbombung eingewiesen worden waren.
Durch braves Verhalten versuchte ich, mich dankbar zu erweisen. Bei
Alarm kümmerte ich mich darum, daß Tante Anna an meinem Arm sicher in
den Luftschutzkeller kam. Da die Keller in den Villenhäusern keinen ausrei-
chenden Schutz bieten konnten, suchten wir sporadisch wechselnd die
Luftschutzkeller der Oberpostdirektion oder die der Stadthalle auf. Der
Wunsch meiner Mutter war es gewesen, nach ihrem Tod einer Feuerbe-

stattung zugeführt zu werden. Die Urnenbeisetzung sollte dann im Familiengrab in Bad Oeynhausen erfolgen. Das Krematorium in Hannover konnte wegen des Mangels an Brennstoffmaterial seinen Aufgaben kaum nachkommen, und das führte dazu, daß wir erst nach einigen Wochen die lapidare Aufforderung bekamen, die Urne mit Inhalt abzuholen, und die weitere Behandlung selbst zu organisieren.

Meinem Vater und mir blieb nichts anderes übrig, als die Urne in einem Karton in Empfang zu nehmen. Schweigend fuhren wir zum Bahnhof und bestiegen dort den Zug nach Bad Oeynhausen. Mir ging immer nur durch den Kopf: "Wenn die Mitreisenden wüßten, was mein Vater auf seinem Schoß in den Händen hielt." Irgendwie erschien mir alles unwirklich, nicht real. In diesem Zustand erlebte ich auch die Urnenbeisetzung und die Rückfahrt nach Hannover.

Innerhalb dieser Zeitspanne gab es ein weiteres einschneidendes Erlebnis. Am 7. November stehen wir Schüler fassungslos vor unserer Schule. In der Nacht hatte eine Luftmine das Gebäude weitgehend zerstört. Unsere Herschelschule, vielleicht nicht immer geliebt - jetzt fehlte sie uns doch. In einer Schule in der Rumannstraße fanden wir vorläufige Unterkunft. Das einzig Schöne für mich war der Schulweg, der von der Mars-la-Tour-Straße durch die Zeppelin- und Gneisenaustraße in die Eilenriede führte. Dort ging es am Ententeich vorbei zur Bödekerstraße, wo die Rumannstraße links abbog. Das Schulgebäude hatte ebenfalls schon Bombenschäden erlitten, und wir Schüler mußten in kleinen Gruppen dort abwechselnd Nachtwache halten, um bei weiteren Schäden möglichst schnell Meldung erstatten zu können.

In der Nähe der Schule befand sich ein Kuriosum jener Tage, ein Freilichtkino. An der Friesenstraße hatte ein Unternehmer einen Holzbau errichtet, in dem Filme vorgeführt werden konnten. Die Wände waren oben und unten nicht voll durchgezogen, so daß Tageslicht in den Bau einfiel. Außerdem war dadurch eine gute Durchlüftung garantiert. Es gab nur eine Ebene für die Bestuhlung. In diesem einmaligen Bau, der nicht lange existieren sollte, sah ich mehrmals den Film "Der weiße Traum", der wahrlich traumhaft war.

In der Wohnung in der Mars-la-Tour-Straße gab es einen Telefonanschluß, und ich schaffte durch Verkabelung mit einem Radiogerät die Möglichkeit, den "Drahtfunk" zu empfangen. Der Drahtfunk sendete die aktuellen Luftlagenachrichten direkt aus dem Gaubefehlsstand am Schützenplatz. Aus diesen Meldungen konnte der erfahrene Hörer schon ziemlich früh abschätzen, welche Gefahrenstufe erreicht war.

Noch informativer war allerdings der Sender "Primadonna". Voraussetzung für den richtigen Umgang war, daß man über eine mit bestimmten Planquadraten versehene Deutschlandkarte verfügte. Eine solche Karte hatte ich von einem Jungen aus der Nachbarschaft bekommen, und sie auf Pergamentpapier kopiert. Diesen Sender hörten wir, sooft wir zu Hause waren. Wir konnten anhand der Planquadrate die Bewegungen der feindlichen Flugzeuge verfolgen und daraus unsere Schlüsse ziehen. Was man nie vergißt: Die Stadt Hannover befand sich im Planquadrat G U 5 (Gustav-Ulrich-fünf).

Die Weihnachtsferien verbrachte ich bei meiner Tante in Bad Oeynhausen. Mein Onkel war zu einer Polizeieinheit einberufen worden, und versah nun, nach einer intensiven Kurzausbildung in Bückeburg, seinen Dienst in de Nähe der holländischen Grenze. Die Ruhe, der Schnee, ein Leben scheinbar ohne Bedrohung, ließen die Tage unvergeßlich werden. Meine Tante Ali und ich hielten einander fest, froh, wenigstens uns noch zu haben. Im Radio hörten wir zu unserem Erstaunen, daß Hannover zur nicht lebensfähigen Stadt erklärt werden sollte. Es gäbe Überlegungen, die ganze Stadt an anderer Stelle vollkommen neu aufzubauen; möglicher Standort: irgendwo in der Lüneburger Heide.

Als die Schule wieder anfing, ging es nach Hannover zurück.

Die Bombenangriffe mehrten sich und nahmen an zerstörerischer Intensität zu. Die Ruinen prägten das Stadtbild. Trümmerhaufen an jeder Straßenseite. In der Mitte jeweils ein kaum begehbarer Pfad. Schilder an den verbliebenen Eingängen, oder auch nur Hinweise - mit Kreide auf glatte Steinflächen geschrieben, gaben Auskunft über den Verbleib ehemaliger Bewohner. "Alle leben", "Krüger bei Hoffmann in Gehrden", Michalke jetzt Bunsenstraße 7".

Spätestens jetzt wußte jeder, daß das Ende bald kommen mußte. An die Wunderwaffen glaubte ohnehin keiner mehr. Aber wie würde das Ende aussehen? Würden wir überleben? Wenn ja, was dann? Vielleicht hatten es die Toten besser. Mit bangen Gedanken riefen wir uns den Morgenthau-Plan in Erinnerung. Am 24. September 1944 war er in Amerika verkündet worden, und er enthielt alle Maßnahmen, die im Falle eines Sieges über Deutschland ergriffen werden sollten. Für die Partei bot der Morgenthau-Plan eine willkommene Unterstützung in den Bemühungen, den erloschenen Verteidigungswillen noch einmal anzufachen. Im Vorgarten der Ortsgruppe "Alte List" in der Podbielskistraße 30 stand eine große Schautafel mit dem gesamten Text des Morgenthau-Planes. Ein Kommentar dazu erübrigte sich angesichts der drakonischen Ziele.

Doch vorerst galt es, die Bombenangriffe zu überstehen. Im März 1945 erfolgten noch sechs schwere Bombenangriffe auf Hannover. Wir saßen im Luftschutzkeller der Stadthalle, als diese von mehreren Sprengbomben getroffen wurde. Es war ein Wunder, daß niemand verletzt wurde. Als wir nach dem Alarm die Stadthalle verließen, mußten wir feststellen, daß mehrere Häuser in der Mars-la-Tour-Straße teilzerstört waren. Auch unser Haus Nummer 18 war nicht mehr bewohnbar. In die Wohnung meiner Eltern konnten wir nur übergangsweise, da dort inzwischen eine andere ausgebombte Familie in zwei Zimmer eingewiesen worden war. So macht ich mich ein paar Tage nach der Ausbombung in der Mars-la-Tour-Straße mit den beiden alten Leuten, Tante Anna und Onkel Wilhelm, per Bahn auf den Weg nach Bad Oeynhausen. Viel Gepäck hatten wir ja nicht mehr. Bei Vennebeck, hinter Minden, hielt der Zug plötzlich an. "Alles raus, Tiefflieger!" Wir stürmten aus dem Zug, liefen weit ins flache, weite Wiesengelände, Deckung in Gräben, unter Bäumen, Büschen und hinter Hecken suchend. Die Tiefflieger flogen die Bahnstrecke ein paarmal auf und ab, schossen auf alles, was sich bewegte und verschwanden wieder so schnell, wie sie gekommen waren. Als sie abgedreht hatten, gab bald darauf der Lokomotivführer mit der Dampfpfeife das Signal zur Weiterfahrt, und die Menschen strebten von allen Seiten auf den Zug zu, um wieder ihre Plätze einzunehmen. Die Weiterfahrt endete allerdings sehr bald. An der Weser stoppte der Zug. Die Brücke war durch Bombeneinwirkung unbefahrbar geworden. Wieder heraus aus dem Zug, mit einer Fähre über die Weser und dann zu Fuß nach Bad Oeynhausen. Wir kamen fast vom Regen in die Traufe, denn an diesem Tage hatte Bad Oeynhausen den einzigen Bombenangriff in diesem Krieg erlebt, und wir bangten sehr um das Leben meiner Schwester, meiner Tante und um unsere Zufluchtsstätte. Erleichtert stellten wir fest, daß das Haus in der Bessingerstraße noch stand un die beiden am Leben waren. Wir fielen uns in die Arme, glücklich, uns gefunden zu haben, und schon ging's wieder los mit Reparaturarbeiten an den beschädigten Fenstern und dem Dach.

Ein paar Tage später besetzten die Amerikaner kampflos die Stadt, um sie einige Wochen danach den nachrückenden Briten zu übergeben.

Am 9. Mai 1945 kapitulierte das Dritte Reich.

Der Krieg war aus. Was waren unsere Empfindungen?
Wir lebten und es gab keine Luftangriffe mehr. Die ängstliche innere Spannung wich langsam einer hoffnungsvollen Neugier, wie es weiterge-

hen sollte. Voller Staunen und auch Abscheu sah ich immer häufiger, wie sich deutsche Frauen den amerikanischen Soldaten freundschaftlich näherten, und sich ziemlich ungeniert benahmen. Für mich als nun ehemaliger Pimpf war das so etwas wie Verrat. Der Volksmund hatte bald eine gängige Bezeichnung für diese Frauen. "Ami-Liebchen". Als Fünfzehjähriger war ich noch nicht so weit, diese Beobachtungen zu relativieren. Für mich war es einfach unehrenhaft, sich für Schokolade oder Zigaretten einem Manne hinzugeben. Daß die Natur bei manchen Frauen nach Jahren der Entbehrung und Enthaltsamkeit ihr Recht forderte, wollte ich erst viel später begreifen. Außerdem gab es jetzt für mich vordringlichere Probleme. Was war mit meinem Vater? Was mit meinem Onkel?

Für meine Tante gab es die schlimme Nachricht, daß ihr Mann noch im März bei einem Einsatz in Ahaus bei einem Luftangriff tödlich verletzt worden war. Sie hatte nun innerhalb eines Jahres Mutter, Schwester und Ehemann verloren, und außerdem noch die Verantwortung für die Kinder ihrer Schwester zu tragen.

Als sei dies noch nicht genug, hatte das Schicksal noch eine weitere, schlimme Überraschung parat. Die Innenstadt wurde eines nachts von britischen Soldaten mit Stacheldraht eingezäunt, und die eingeschlossenen Bevölkerung sollte, falls sie nicht privat andere Unterkunft finden sollte, evakuiert werden. Nur Dinge des persönlichen Bedarfs, wie Bettzeug und Kleidung, durften mitgenommen werden. Alles andere hatte in den Häusern zu verbleiben. Die wertvollen Sachen aus Hannover, die wir zum Schutz vor den Bomben nach Bad Oeynhausen verbracht hatten, gingen uns nun auf diese etwas andere Weise verloren. Die britische Rheinarmee richtete ihr Hauptquartier in der Stadt ein und besetzte die geräumten Häuser. Wir standen jetzt einmal mehr auf der Straße und wußten nicht wohin, bis unsere Tante schließlich eine vorläufige Unterkunft bei einer befreundeten Arztfamilie im neun Kilometer entfernten Bergkirchen zugesagt bekam. Also machten wir uns auf den Weg. Ein Bauer namens Peper holte uns mit Pferd und Leiterwagen ab, um uns und unsere Habe nach Bergkirchen zu transportieren. Unterwegs fiel mir aus dem Lateinunterricht das Wort ein: "Omnea mea mecum porto. Es ist alles schon einmal dagewesen." Tränen und Schmerz gab es noch einmal, als wir Abschied von Bobby nehmen mußten. Bobby war ein betagter, intelligenter weißbrauner Foxterrier und viele Jahre bei meiner Tante gewesen. Ich habe oft mit ihm gespielt und mich gefreut, wenn er morgens mit einem Korb, den er im Maule trug, Brötchen holte, in dem kleinen Geschäft von Frau Starke, um die Ecke in der Rolandstraße.

Zu der Arztfamilie durften wir den Hund nicht mitnehmen. Mit Tränen in den Augen fragte Tante Ali einen vor dem Hause Wache stehenden Soldaten, ob er uns bei diesem Problem helfen könne. Er nickte mitleidsvoll, übernahm den Hund, und wir gingen schnell fort. Später erfuhren wir, daß der Hund von dem Engländer erschossen und im Garten begraben wurde.

Im Hause der Arztfamilie bezogen Tante Anna, Onkel Wilhelm und mein Schwester eine Dachmansarde. Ich durfte auf einer Luftmatratze auf der obersten Plattform des Treppenhauses schlafen, nachdem ich mich geweigert hatte, zu Waisenkindern zu ziehen, die in der Schule Unterschlupf gefunden hatten und dort verwahrt wurden. Meine Tante Ali bekam ein Zimmer in dem Haus der Dorfapotheke zugewiesen.

Wir versuchten, uns in dieser neuen Lebenssituation zurechtzufinden. Meine Tante hatte bald wieder ein paar Klavierschüler, die für ein Mindesteinkommen sorgten. Der biedere Mann, der die Poststelle in dem Dorf betreute, fragte angelegentlich, wieviel Schüler meine Tante denn hätte, und als sie dann antwortete: "Acht" , fragte er, wo sie denn so viele Klaviere habe. Selbst oder gerade in solchen Zeiten gibt es wohl immer wieder Situationen mit besonderer Komik.

Eines Tages bekam ich die Aufforderung des Arbeitsamtes, mich bei einer englischen Dienststelle zu melden. Dort wurde ich mit vielen anderen Jugendlichen verpflichtet, Hilfsdienste zu leisten. Meine Arbeit bestand zunächst darin, Kohlentransporter zu entladen, Möbel aus den beschlagnahmten Häusern zu tragen, um sie in anderen Häusern erneut zu plazieren.

Nach ein paar Wochen wurde ich einer britischen Einheit zugeteilt, die nur aus weiblichen Armeeangehörigen bestand. Die Messe für diese Einheit war in einer Volksschule untergebracht. "Women's ATS-Mess". ATS stand für "Auxiliary Territorial Service". In dieser Einheit machten junge Frauen ihren Dienst als Offiziersfahrerinnen, Funkerinnen, Sekretärinnen und medizinische Hilfskräfte. Nach anfänglich ziemlich primitiven Arbeiten, wie Boiler heizen, Küchen reinigen und ähnlichen Verrichtungen, wurde ich wegen meiner Englischkenntnisse immer mehr als Dolmetscher eingesetzt, der die Arbeitsanweisungen der Briten an die deutschen Dienstverpflichteten weiterzugeben hatte.

Das beste an dieser Tätigkeit war, daß ich mich ordentlich sattessen konnte. Das englische Weißbrot, Ölsardinen, Cheese-Fritters, Hammelfleisch und Kartoffelbrei aß ich mit dem Heißhunger eines Fünfzehnjährigen, der lange genug eingeschränkt gelebt hatte. Tee gab es ohnehin mehrmals am Tage, mit Milch und Zucker.

Ohne mein Gewissen damit zu belasten, steckte ich mir alles Eßbare, was ich erwischen konnte, in die Taschen, um es nach Hause zu meinen

Angehörigen zu schmuggeln. So ging ich Morgen für Morgen die neun Kilometer zu Fuß von Bergkirchen nach Bad Oeynhausen, um dort bis abends zu arbeiten, und dann die neun Kilometer wieder zurückzumarschieren. Ich fiel dann nur noch ins Bett und schlief sofort ein. Ich lebte wie in einem Ghetto und bekam von der Entwicklung, die draußen vor sich ging, nichts mit. Daß unser Geld nichts mehr wert war, weil man sich dafür nichts kaufen konnte, war mir allerdings noch klargeworden. Inzwischen gab es nämlich eine andere Währung. Das war die Zigarettenwährung, die sich noch ein paar Jahre behaupten sollte. Leider fing ich selbst das Rauchen an und war bald ein Experte für englische Zigaretten. Aufgrund meiner Position ging es mir so gut, daß ich es mir leistete, billige Marken wie "Wild Woodbine" oder "Player's Medium Navy Cut" abzulehnen. Ich zog die teureren Marken, wie "Senior Service", Churchman's Nr. 1" oder "Craven A, Corc-Tipped" vor.

Bei so vielen Mädchen in der Nähe im Arbeitsbereich, war es fast unvermeidlich, daß ich mich in eines verliebte. So geschah es dann auch recht bald. Sie hieß Margaret Fowler, wurde Peggy genannt, und kam aus Glasgow. Sie bemerkte meinen inneren Zustand, nahm meine Verehrung zur Kenntnis, ohne sich darüber lustig zu machen. Ich litt, wenn ich zusehen mußte, wie sie mit einigen Kameradinnen von amerikanischen GI's zum Tanzen oder anderen Vergnügungen abgeholt wurde. Den amerikanischen Soldaten ging es weitaus besser als den englischen. Sie hatten nicht nur mehr Geld, sie konnten auch weitaus großzügiger mit Geschenken sein als ihre englischen Waffengefährten. Ihnen standen mehr Möglichkeiten zur Verfügung, an Nylonstrümpfe, Parfüms und andere Köstlichkeiten heranzukommen. Viele Engländerinnen machten kein Hehl daraus, die Heirat mit einem Amerikaner anzustreben, um dadurch später nach Amerika kommen zu können. Die englischen Soldaten wiederum reagierten auf die Bevorzugung der Amerikaner mit einem gewissen zynischen Verständnis, machten aber auch hin und wieder verächtliche Bemerkungen über ihre weiblichen Kameraden.
Meine Liebe zu Peggy wandelte sich mangels entsprechender Erwiderung zu einem normalen freundschaftlichen Gefühl, und das bekam mir ebenso gut.
Als einer meiner Kollegen, mit dem ich mich angefreundet hatte, wegen einer Lappalie entlassen wurde, kündigte ich aus Protest, Solidaritäts- und Kameradschaftsgefühl gleich mit. Sehr zum Unverständnis der englischen Personalleitung, die vergebens versuchte, mir meine Absicht auszureden. Mein Kollege zog sich in seinen Familienkreis zurück, über-

nahm eine andere Tätigkeit. Ich stand ziemlich belämmert da, war meinen Job, den ich gern hatte, los, und damit auch meine Privilegien, die damit verbunden waren. Das Arbeitsamt wollte mich ernsthaft einem Holzfällertrupp zuweisen, der in den Wäldern der näheren Umgebung seiner strapaziösen Arbeit nachging. Meiner Tante gelang es durch persönliche Intervention, dieses Schicksal von mir abzuwenden, und so landete ich schließlich im Wohnort Bergkirchen in der Zigarrenfabrik v. Jaminet & Meyer. Ich wurde an eine Maschine gesetzt, mit der man kleine Zigarrenkisten zusammennageln konnte. In einem kleinen Schacht in Kopfhöhe lagerten die kleinen goldfarbenen Nägel und fielen, mit dem Kopf nach hinten, in eine kleine Rille, die nach vorn auf die vor ihr sitzende Person gerichtet war. Die Rille verlief in einer Schiene, die ihr die Führung vorwies. Mit einem kräftigen Tritt auf ein Pedal mit einem Hebel daran, trieb ein Stielbolzen vom Ende her den Nagel in das Holz der vor der Schiene gehaltenen, vorgefertigten Kistenteile. Hatte man ein Kistchen zusammengenagelt, wurde es mit den schönen bunten Etiketten beklebt, auf denen exotische Motive vorherrschten. Neben mir saß ein Gymnasiast, der ebenfalls zu dieser Arbeit verpflichtet worden war. Das war gut so, denn so konnten wir uns bei dieser, dem Geist nicht gerade förderlichen Tätigkeit, über unsere Situation und die Möglichkeiten unserer Zukunftsgestaltung unterhalten.

Im selben Raum saßen noch ein paar Frauen und ein alter Mann aus dem Dorf "Schoof's Vadder", die manuell Zigarren wickelten. Wir genossen die Gesellschaft, gab es doch manch interessante Geschichte aus dem Dorf und neueste Gerüchte zu erfahren. Außerdem hatten wir wegen der Nahrungsmittelbeschaffung eine Integration in die Dorfgesellschaft dringend nötig. Aus diesem Anlaß gingen wir, meine Verwandten und ich, zu bestimmten Bauern in der Umgebung und baten um Nahrungsmittel. Hier und da bekamen wir Milch, manchmal auch ein Ei oder sogar zwei. Es wurde prompt bezahlt, mit Reichsmark, leicht erhöht, aber die Mark war ja auch nicht mehr viel wert. Doch mit der Zeit sprudelten die Quellen immer spärlicher. Die anderen Bittsteller wurden immer zahlreicher, und boten den Bauern immer mehr Gegenstände ihres Hausrats oder Schmuck als Gegenleistung für etwas Eßbares an. Da konnten wir mangels Masse nicht mithalten, und so blieb Schmalhans bei uns weiter Küchenmeister.

Meine Tante marschierte einmal in der Woche von Bergkirchen über Bad Oeynhausen nach dem Ortsteil "Auf der Lohe", um dort den Kindern eines Bäckers Musikunterricht zu erteilen, nur, weil sie dort hin und wieder ein Fünfpfundbrot bekam. Oft knabberten wir, wenn wir gemeinsam heimgingen, hungrig das Brot schon auf dem Heimweg an.

Seit dem Kriegsende hatte ich immer sehnlicher auf ein Lebenszeichen meines Vaters gewartet, ja wollte mich sogar zweimal auf den Weg machen, ihn zu suchen. Meine Verwandten redeten mir das jedoch mit einleuchtenden Begründungen aus.

Mit einem Male war er da, und er war froh, uns gesund und unversehrt vorzufinden. Er fuhr zurück nach Hannover, um dort die Wohnungssituation in der Huneaustraße zu klären. Die dort in unsere Wohnung eingewiesenen Untermieter hatten massiv versucht, beim Vermieter und Hauseigentümer Fritz Hundertmark einen Vertrag als Hauptmieter zu bekommen, doch dieser hatte meinem Vater trotz aller Ungewißheit über sein Schicksal die Treue gehalten, und den Vertrag abgelehnt. So behielt mein Vater die Wohnung und ich zog bald darauf mit ihm nach Hannover zurück.

Voller Freude begrüßte ich meine Klassenkameraden, die schon zurückgefunden hatten. Die Herschelschule hieß nun inzwischen "Vereinigte Leibniz- und Herschelschule" und war in der Sophienschule, einem Mädchengymnasium in der Ellernstraße, untergebracht. Ein paar Monate später erfolgte eine weitere Umquartierung in die Humboldtschule in der Beethovenstraße in Linden.

Die Stadt Hannover war eine einzige Trümmerwüste, und die Sache mit der "nicht lebensfähigen Stadt" schien eine gewisse Berechtigung zu haben. Aber der erklärte Aufbauwille der Bevölkerung und die Initiativen der Bürger brachten schon die Ansätze einer in diese Richtung gehenden Diskussion zum Schweigen.

Wenn nur nicht der ständige Hunger gewesen wäre. Die Lebensmittelzuteilungen waren weiter drastisch reduziert worden und sollten noch weiter gekürzt werden. Manchmal schauten mein Vater und ich uns morgens verzweifelt an, wenn wir für den Tag nur noch zwei Scheiben trockenen Brotes als einzige Nahrung zur Verfügung hatten. Im Februar 1946, im harten Winter, wurde in der Schule die Schulspeisung eingeführt. In der großen Pause gab es für jeden Schüler eine Suppe. Tomatensuppe mit Reis oder Milchsuppe mit Nudeln waren die großen Renner. Das war zwar nur ein Tropfen auf einen heißen Stein, aber hochwillkommen - 300 Kalorien pro Mahlzeit.

Das Sprichwort "Hunger tut weh" bekam bei mir eine traurige Aktualität und fand seine Bestätigung. Mein gesamter Tagesablauf war darauf ausgerichtet, etwas Eßbares aufzutreiben. Kleine Schiebergeschäfte brachten manchmal etwas Brot ein. Bei mir bestanden sie hauptsächlich darin, zu wissen wer was zu verkaufen hatte, und zu wissen, wer dafür was geben konnte. So fiel denn meistens eine, wenn auch bescheidene, Vermittlungsgebühr in Form von Naturalien ab.

Darüber hinaus machte ich eine großartige menschliche Erfahrung bezüglich der Hilfsbereitschaft der mir näherstehenden Personen, denen es zwar ein wenig besser ging, die aber selbst genug damit zu tun hatten, ihre eigene Ernährung sicherzustellen.

Bei meinem Freund Werner Schellmann naschten wir gemeinsam aus einer großen Dose köstliches Eipulver, das wir mit Kristallzucker vermischt hatten. Im Hause meines Freundes Gerhard Schultze wurde ich ohnehin wie ein Familienmitglied aufgenommen und nahm oft an gemeinsamen Mahlzeiten teil. Die Eltern eines anderen Freundes, Erwin Neumann, sagten mir extra Bescheid, wenn sie mal wieder einen gehaltvollen Eintopf zubereitet hatten. Ich habe diese guten Taten nie vergessen.

Einmal in der Woche, aber zu unbestimmten Zeiten, gab es bei einer Schlachterei in der Celler Straße Wurstbrühe ohne Lebensmittelmarken. Wenn es soweit war, bildete sich in Sekundenschnelle eine Warteschlange von Menschen, die einen Topf in der Hand hielten. Familienmitglieder, die in der Schlange standen, taten so, als würden sie sich nicht kennen. Sie befürchteten, die Zuteilung könnte auf ein Mitglied beschränkt werden. In der Goethestraße vor dem Goethehaus-Kino stand eine kleine Bude, in der, zu ebenfalls unbestimmten Zeiten, Kartoffelpuffer, angeblich in Pferdefett, gebacken wurden. Auch hier bildete sich bei Bekanntwerden schnell eine riesige Schlange und man wartete geduldig bis man an die Reihe kam und seine zwei Puffer in Empfang nahm. Meistens stellte ich mich, die Puffer verzehrend, gleich wieder am Ende der Schlange neu an. Es konnte natürlich auch passieren - und das tat es leider sehr oft - daß kurz bevor man an die Reihe kam, der Vorrat ausverkauft war, und die Bude dichtgemacht wurde.

Eine merkwürdige Erscheinung war das Maisbrot, das es in jenen Tagen gab. Die Amerikaner hatten großzügig Maiskorn zum Brotbacken zur Verfügung gestellt. Für den deutschen Geschmack war das Maisbrot - gelinde gesagt - stark gewöhnungsbedürftig, aber der Hunger regulierte das schnell. Dabei hätten die Amerikaner genug Weizenmehl schicken können, von dem sie mehr Vorräte hatten.

Die Ironie des Schicksals wollte es, so ging die Sage, daß die Sache mit dem Maismehl schlicht und einfach auf einem Übersetzungsfehler beruhte. Die Deutschen hatten um "Korn" gebeten, welches mit "corn" übersetzt wurde, was im Englischen eben das Synonym für Mais ist. "Wheat" hätte man bestellen müssen, man hätte es bekommen.

Nahrungsstoffe aus alternativen Substanzen und Nährmittel zur Substitution wurden immer häufiger angeboten. Ich erinnere mich deutlich an die "Krabu-Nährhefe". Sie war eine graue, pulverförmige Masse, die infernalisch stank und auch so schmeckte. Man konnte sie auf Brot streuen, mit Wasser zu Brei rühren, und mit dem Löffel essen, wenn man sie denn runterkriegte. Mein Vater und ich kriegten sie runter und hofften, daß sie uns stärken würde. Die Lebensmittelzuteilungen erreichten einen Tiefststand, der bis zum Jahre 1948 andauerte.

Durch Mangel an Heizmaterial fiel im Winter 45/46 für lange Zeit der Schulunterricht aus. Manchmal gingen wir nur zur Schule, um unsere Hausaufgaben abzuholen. Das wiederholte sich im Winter 46/47. Wenn es in unserer Wohnung zu kalt geworden war, gingen mein Vater und ich zu Hundertmarks in die Parterrewohnung, um uns aufzuwärmen. Hundertmarks verfügten als Betreiber eines Zimmereibetriebes über eine gewisse Menge an Sägemehl, das sie in einem umgebauten Küchenherd wärmespendend verheizen konnten. Die Abende in dieser Gesellschaft waren immer ganz gemütlich, so daß es uns immer wieder schwerfiel, in unsere kalte Wohnung zurückzukehren. Frau Hundertmark nannte uns in jenen Tagen oft in gutgemeintem Scherz "die Eisbären".

Tagsüber lagen wir lange im Bett unter einem Berg von Bettzeug und anderen Textilien. Eines Tages gelang es mir, einen kleinen Ofen zu organisieren, nur fehlte noch das Ofenrohr dazu. Mein Klassenkamerad Klaus Köchert nannte mir eine Adresse in Herrenhausen, wo ich, unter Berufung auf seinen Namen, ein Ofenrohr bekommen sollte. Die Sache klappte, hatte jedoch einen Haken. Das Ofenrohr war dreiteilig und bestand aus schweren Kartuschhülsen, von denen man den Boden abgesägt hatte. Das Rohr war schwerer als der Ofen, und wir hatten oft Stabilisierungsprobleme, wenn das Rohr aus der Führung rutschte und unser Wohnzimmer in eine einzige rußige Landschaft verwandelte. Wenn das Rohr heiß war, konnte man es ja auch nicht gleich anfassen, um es wieder in die richtige Position zu bringen.

Die Jahre 1946 und 1947 waren die Jahre der Not. Die Lebensmittelzuteilungen waren, wie schon erwähnt, auf dem tiefsten Stand angelangt. Beide Winter waren hart. Kohlenmangel bestimmte die Einschränkungen in den Schulen und im Transportwesen. Die Straßenbahnen fuhren zeitweise am Sonntag gar nicht, und an Werktagen nur bis 19.00 Uhr. Der Strom für Privathaushalte stand ebenfalls nur ein paar Stunden am Tag zur Verfügung. In mehreren Betrieben streikten die Arbeiter wegen der unzureichenden Ernährung. Auch der Verwaltungsausschuß der Stadt Hannover protestierte gegen die weiteren Kürzungen der Brotration.

Ein Normalverbraucher - das war übrigens ein geflügeltes Wort: "Otto Normalverbraucher" - bekam in der Woche Marken für 112,5 g Fleisch und 50 g Fett.

Die Angst vor ernährungsbedingten Krankheiten wuchs als die ersten Tuberkulosefälle gemeldet wurden.

An manchen Abenden gingen mein Vater und ich in die Gaststätte "Vier Grenzen" zu Karl Uelze. Hier war es meistens auch warm und wir tranken unser Heißgetränk, eine nicht näher zu definierende Limonade, oder ein Molkebier.

Unser Mittagessen nahmen wir, wenn wir die entsprechenden Marken noch zur Verfügung hatten, ohnehin bei Uelzes ein. So manches Mal bekam ich von Frau Emma Uelze einen zweiten Teller Stammessen, ohne dafür nochmals 5 g Fettmarken und 25 g Nährmittelmarken abschneiden zu müssen.

Hin und wieder saßen am Nebentisch ein paar junge Männer, denen es ungleich besser zu gehen schien. Sie hatten Wurst, Schinken und Brot mitgebracht un verfügten auch über den so raren Schnaps und die teuren amerikanischen Zigaretten. Sie feierten häufig und waren ziemlich laut. Der Wortführer dieser kleinen Gruppe war ein freundlich lächelnder Typ, der "Bobby" genannt wurde. Wir sagten nichts zu dieser überschäumenden Lebenslust, denn sie waren nicht kleinlich und ließen uns gelegentlich einige Kostbarkeiten zukommen. Die Herkunft der Kostbarkeiten war in gnädiges Dunkel gehüllt, und wir fragten auch nicht weiter danach. Es wunderte uns allerdings auch nicht, als eines Tages Bobby's Konterfei in der Zeitung zu sehen war, mit der Unterzeile: "Wer kennt diesen Burschen?" Er wurde im Zusammenhang mit einigen bewaffneten Überfällen auf Bauernhöfe im weiteren Landkreis gesucht.

Mein Vater, der wegen seiner Parteizugehörigkeit noch nicht wieder eingestellt worden war und auf sein Entnazifizierung wartete, wurde zu einer Tätigkeit bei der Firma Wilhelm Richter in der Bothfelder Straße 21 verpflichtet. Statt Rüstungsmaterial stellte sie nun unter anderem auch elektrische Feuerzeuge her. Mein Vater war mit einer kleinen mechanischen Handbewegung daran beteiligt, und brachte eines Tages auch ein Endprodukt mit nach Hause. Stolz wollte er die Funktionsfähigkeit seines Kästchens, das man in die Steckdose stecken mußte, demonstrieren. Leider knallten uns bei jedem Versuch, eine kleine Flamme auf den Stift zu bekommen, die Sicherungen durch. Die richtige Marktreife hatte dieses Produkt zur großen Enttäuschung meines Vaters jedenfalls noch nicht.

In diesen Monaten verdichteten sich die Gerüchte und Andeutungen über unvorstellbare Grausamkeiten in den Konzentrationslagern zur beschämenden Wahrheit. Immer mehr Aussagen von Zeugen und Bildberichte der amerikanischen und englischen Truppen über die Zustände in den Konzentrationslagern erschienen in den Zeitschriften, so daß wir nicht mehr annehmen konnten, dies alles sei imperialistische Hetzpropaganda. Was wußten wir Schüler eigentlich vorher? Jeder, der eine Zeitbeschreibung dieser Jahre wahrhaftig durchführen will, muß einfach dazu Stellung nehmen. Allein schon, um den Vorwürfen der nachfolgenden Generation aufklärend begegnen zu können. Dieses gräßliche Kapitel deutscher Geschichte ist auch für meine Generation so belastend, daß die Versuchung sehr stark ist, es zu ignorieren und zu verdrängen.

Zum ersten Mal hörte ich das Wort "Konzentrationslager" bewußt als Vierzehnjähriger im Kinderverschickungslager Rinteln. Ein Mitschüler erzählte mir, daß der Vater eines anderen Mitschülers für zwölf Wochen in ein Konzentrationslager geschickt worden sei, weil er den Feindsender BBC gehört habe. Ich war sehr erschrocken, da auch ich, wenn ich bei meiner Tante in Bad Oeynhausen war, in meiner Mansarde beim Herumspielen an dem schönen Radio gern und lange den deutschsprachigen Sendungen der BBC gelauscht habe, und meine Verwandten das Gehörte auch hin und wieder mitteilte. Auch wußte ich, daß das bei Strafe verboten war, und achtete immer sehr darauf, daß das dumpfe Erkennungszeichen, das typische Bomm, Bomm, Bommbomm, außerhalb meines Zimmers nicht zu hören war. Ich empfand diese Missetat nicht als schlimm, wußte ich doch auch durch vorsichtigen Meinungsaustausch, daß viele andere Mitbürger bestimmte Informationen, die uns der eigene Staat nicht zukommen ließ, aus dem Feindsender holten.

So entstand in meiner Vorstellung von einem Konzentrationslager das Bild eines gemilderten Gefängnisses.

Das zweite Mal, daß ich mit dem Wort "Konzentrationslager" konfrontiert wurde, war im Sommer 1945, als ich beim Engländer in Bad Oeynhausen arbeitete. Eine Engländerin zeigte mir Bilder in einer englischen Zeitschrift, die darstellten, wie die englischen Truppen in Deutschland die Konzentrationslager vorfanden. Neben den toten Häftlingen waren auch die noch lebend vorgefundenen aufgenommen worden, in ihrem erbarmungswürdigen Zustand.

Die Engländerin fragte mich, was ich dazu zu sagen hätte. Ich antwortete ihr, daß ich das für eine üble Propagandahetze hielte. Deutsche würden so etwas nie gemacht haben. Ich wies auf einig Ähnlichkeiten bei den Häftlingen hin und gab meiner Überzeugung Ausdruck, daß hier mit einer Fotomontage Greuelpropaganda betrieben würde. Dieses habe es von Seiten der Alliierten im Ersten Weltkrieg schon gegeben, und sich als unwahr herausgestellt.

Für mich war eine solche Menschenbehandlung durch Deutsche nicht vorstellbar. Eine Staatsführung, die uns in unserer Jugendorganisation zu Ehrlichkeit, Ordnung, Disziplin, Fairneß, Hilfsbereitschaft, vor allen alten und hilflosen Menschen gegenüber, erzogen hatte, konnte solche Untaten gar nicht begangen haben. Mir fiel aber auch ein, und ich konnte das nicht ignorieren, daß wir zum Beispiel die antijüdische Hetze in den Zeitungen, Spielfilmen und Liedertexten durch Kenntnisnahme mitgetragen haben.

Mit dieser Diskrepanz sind wir im Inneren nie fertig geworden.

Von dem wahren Ausmaß der Schreckenstaten und der Tatsache einer angeordneten, systematischen Ermordung von Millionen von Menschen erfuhren wir 1946, als wir als Schüler geschlossen in eine Filmvorstellung geführt wurden. Der Film hieß, wenn ich mich recht erinnere, "Gottes Mühlen", und war eine Dokumentation alliierter Berichterstatter. Wie betäubt gingen wir nach Hause. Diskutieren konnten wir nicht darüber. Uns blieb nur die innere Scham, die wir nie loswurden.

Trotz aller furchtbaren Erkenntnisse lief für uns das Leben mit seinen Anforderungen weiter. Da mein Vater nun tagsüber arbeitete, konnte er auch nicht unsere kärglichen Mahlzeiten vorbereiten. Er nahm sein Essen in einer Volksküche ein. Bei normal funktionierendem Schulbetrieb ging ich vormittags in die Schule, und manchmal war der Teller mit der Schulspeisung die erste Mahlzeit am Tage. Mittags ging es erst nach Hause oder gleich auf Tour, Kontakte zu pflegen, die etwas Eßbares einbringen konnten.

Mit meinem Freund und Mitschüler Werner Schellmann gründete ich eine Handelsgesellschaft "Sche-Re". Hauptteil der Satzung: Wer immer von uns zum Schwarzhandel geeignete Ware akquirieren konnte, sollte den anderen informieren, so daß schnellstens geeignete Abnehmer gesucht werden konnten. Der Gewinn einer erfolgten Vermittlung, Geld oder Ware, sollte Halbe-Halbe geteilt werden. Aber auch, wenn ein Partner das Geschäft allein abwickelte, ging der Gewinn in zwei Teile.

So etwas konnte natürlich auf die Dauer nicht gutgehen, zumal mein Freund über ungleich bessere Beziehungen zu potentiellen Abgebern verfügte. Irgendwann wurde der mündlich geschlossenen Gesellschaftsvertrag in beiderseitigem Einvernehmen stillschweigend als erledigt angesehen. Ein Gutes hatte die Zeit des "Kungelns" aber auch mit sich gebracht. Man lernte Warenkunde, manchmal auch auf schmerzliche Art, wenn man aus Unkenntnis mal so richtig über's Ohr gehauen wurde. Die wertvollsten Handelsobjekte waren Fotoapparate. Wer eine Leica oder Retina vermitteln konnte, hatte für ein paar Monate oder länger ausgesorgt. Mit Radiogeräten lag es ähnlich. Das war auch etwas seriöser als mit Fahrradreifen, Schokolade, Zigaretten, Wein oder überhaupt mit Lebensmitteln zu handeln. Aber wer an diese Waren herankam, war im Endeffekt ebenso gut dran.

Wie bereits geschildert, nahmen die Formen der Selbstversorgung zuweilen groteske Dimensionen an. Mein Onkel Eugen Winter und Tante Lieschen, Schwester meines Vaters, wohnten in der Küchengartenstraße. Mein Vater war ihnen zwar lange Zeit gram gewesen, weil sie sich nach dem Tode meiner Mutter nicht um mich gekümmert hatten, hatte ihnen aber nun, nach dem Krieg, verziehen. Eugen Winter arbeitete bei Harry's Brotfabrik und verfügte demzufolge häufig über altbackenes Brot. So ging ich einmal in der Woche nach Schulschluß, die Humboldtschule lag ja ganz nahe dabei, zu Onkel und Tante, und aß mich an alten Brötchen und Brot so richtig satt. Das wäre alles nicht so erwähnenswert gewesen, wenn bei Winters nicht ein Huhn gelebt hätte. Ja, sie hatten ein richtiges Huhn, welches angeblich auf dem Balkon lebte. Dieses Huhn war in die kinderlose Ehe so integriert, daß es auch einen Namen hatte. "Gretchen." Zum Dank für die liebevolle Aufnahme revanchierte sich Gretchen ziemlich regelmäßig durch ein Ei, welches es gern in eine Sesselecke legte. Das Huhn war so domestiziert, daß es auf Zuruf auf einen zukam und sich streicheln ließ. War ich da, stolzierte es meistens im Wohnzimmer herum und zupfte so lange an meinem Hosenbein herum, bis ich ihm von meinem altbackenen Brötchen ein paar Krumen auf der Handfläche darreichte. Mit großer Behutsamkeit pickte es dann diese Krumen auf und verzehrte sie. Das Amüsanteste war es, zu sehen, wie mein Onkel Eugen sich zum Mittagsschlaf auf das Sofa legte und das Huhn sich zu seinen Füßen niederließ, den Kopf unter einen Flügel steckte, und ebenfalls sanft entschlummerte. Für mich war das alles ein bißchen seltsam, aber ich hatte nun schon zuvieles anderes, eigenartiges erlebt, als daß mich so etwas noch groß erschüttern konnte. Es kam, wie es leider nun mal kommen mußte, eines Tages war Gretchen tot und tiefe Trauer kam über die Hinterbliebenen. Da man den Tod nicht so ohne weiteres hinnehmen wollte, wurde Gretchen in der Tierärztlichen Hochschule obduziert und die Todesursache festgestellt: Herzverfettung.

Lange noch hatten Onkel und Tante Schuldgefühle wegen einer möglichen falschen Ernährung, und es bedarf sicher nicht einer besonderen Erwähnung, daß Gretchen pietätvoll bestattet wurde.

Bei meinen Kungelgeschäften gelang es mir eines Tages, für meinen Vater eine kleine Menge Tabakblätter zu bekommen. Tabakpflanzen wurden vielfach privat kultiviert, und viele Raucher beherrschten auch die Kunst der Fermentation. Stolz zeigte ich meinem Vater die Tabakblätter und sagte ihm, daß ich nach dem Trocknen mit der Fermentation beginnen würde. Nach zwei Wochen könne er dann über einen aromatischen Pfeifentabak verfügen. Ich hatte nicht mit der qualvollen Ungeduld gerechnet, die einen Raucher erfüllte, wenn er solch kostbares Gut zum Greifen nah im Hause wußte. Als ich am nächsten Tag nach Hause kam, bemerkte ich schon im Treppenhaus einen penetranten Gestank, der aus unserer Wohnung zu kommen schien. Er tat es tatsächlich. Unsere Wohnung war voller Qualm, und der Ursprung war in der Küche. Mein Vater stand in der Mitte der Küche, genußvoll an seiner Pfeife saugend, und teilte mit voller Stolz mit, daß er die Tabakblätter in unserer Bratpfanne geröstet und dann pfeifentauglich feingeschnitten habe. Augenblicklich genieße er die Früchte seiner ideenreichen Tat. Just in diesem Augenblick machte es laut und vernehmlich "Klack", und aus dem Pfeifenkopf löste sich explosionsartig der untere Teil und fiel zu Boden. Der auf solche Art behandelte Tabak war einfach zu trocken gewesen, hatte bei der Verbrennung eine zu große Hitze entwickelt und den Pfeifenboden abgesprengt. Das Gesicht meines Vaters hatte einen Ausdruck, der mit "überrascht" nur halb zutreffend bezeichnet war.

Ach, hätte er doch auf das Ergebnis meiner sorgfältigen Beize und Fermentation gewartet. Diesmal erwartete er mit besonderer Geduld die nächste Zuteilung auf seiner Raucherkarte. Hatte es am Ende der Kriegszeit die Einheitsmarke "Sondermischung T 4" gegeben, war es inzwischen schon möglich geworden, zwischen zwei neuen Marken zu wählen, der "Pilot" und der "Basra".

Die Auflösung der "Sche-Re-Vertriebsgesellschaft" hatte die Freundschaft zwischen Werner Schellmann und mir nicht beeinträchtigt. Wir waren uns in gewisser Weise ähnlich. Zurückhaltend, eher schüchtern, ruhig und gemessen. Laute Menschen, die sich in den Vordergrund drängten und nur ihren Vorteil im Auge hatten, waren uns unangenehm. Es war uns aber auch ebenso klar geworden, daß man in diesen Zeiten mit vornehmer Zurückhaltung auf Dauer nicht erfolgreich sein konnte. So beschlossen wir zur Entwicklung unserer Persönlichkeit, mittels ausgeklügelter Mutproben, ein sicheres Auftreten zu trainieren. In der Erinnerung mag diese Art der Persönlichkeitsentwicklung befremdlich wirken. Man sollte aber berücksichtigen, daß wir abrupt aus einer Lebensphase entlassen wurden, in der die wichtigsten Abläufe von Staat und Familie autoritär angeordnet, geregelt und entschieden wurden. Da wir beide rhetorisch begabt waren, hatten wir bald bei gemeinsamen Auftritten in Gesprächen eine gewisse Dominanz, zumal wir uns einträchtig die Bälle zuspielten.

So stellten wir erst einmal fest, daß wir mit unserer Methode auf dem richtigen Weg waren. Werner war in einer ähnlichen Situation wie ich. Sein Vater war früh gestorben, und er lebte nun mit seiner Mutter und mit seiner Schwester in der Wedekindstraße 13. In der Schule saßen wir inzwischen nebeneinander. Klar, daß wir uns gegenseitig halfen, ja manchmal sogar gemeinsam die Schule schwänzten, wenn es zum Beispiel im Capitol am Vormittag einen interessanten Film gab. Der Film "Kellnerin Anna" ist uns beiden in wehmütiger Erinnerung. Bevorzugt sahen wir uns seit dem Kriegsende natürlich die für uns in ihrer Art völlig neu erscheinenden englischen Filme an, und die ersten Heldinnen und Helden blieben uns unvergeßlich.

Stewart Granger, der schöne und immer siegreiche Held. James Mason, der undurchsichtige Bösewicht. Margret Lockwood, die wunderschöne, geheimnisvolle Frau.

Auch einige Filmtitel sind noch geläufig: "Madonna der sieben Monde", "Der Mann in Grau", " Gefährliche Reise", "Geheimnisvolle Erbschaft", "Odd Man out", "Gaslicht und Schatten", "Der siebente Schleier".

Der hervorragend gespielte Film "Oliver Twist", u. a. mit Alec Guinness war nur kurze Zeit im "Gloria" in der Hildesheimer Straße zu sehen, da er sehr bald wegen der Darstellung der Figur des alten Fagin, die als antisemitisch empfunden wurde, in Deutschland nicht mehr gezeigt werden durfte. Die Vorliebe für amerikanische Musik, die wir schon in Kriegszeiten gern gehört hatten, bestand nach wie vor. Wir hörten begeistert im Rundfunk den amerikanischen Soldatensender "AFN". Regelmäßig gab es dort Sendungen wie "Hillbilly-Guesthouse" und den "Sixteenhundred-Club", später, da er um 17.00 Uhr gesendet wurde, den "Seventeenhundred-Club". Beliebte Sänger und Sängerinnen waren: Bing Crosby, Louis Armstrong, die Andrew Sisters, Ella Fitzgerald, Joe Stafford und Rosemary Clooney. Sonntags gingen viele Jugendliche nach Linden in das Stadion am Lindener Berge, vormals Schlageter-Stadion. Die Engländer pflegten hier eine Motorsportart, die für uns neu war, das Aschenbahnrennen. Die Fahrer fuhren auf Motorrädern auf der flachen Aschenbahn mit so großer, abgezirkelter Geschwindigkeit, daß sie gerade noch durch die Kurven fahren konnten, ohne durch die Zentrifugalkraft hinausgetragen zu werden. Das erforderte eine besondere Fahrtechnik und Körperhaltung. Jeder Fahrer hatte am linken Fuß einen Eisenschuh, den er beim Fahren zum Abstützen so schliddernd einsetzte, daß die Funken flogen. Die Fahrer fuhren äußerst risikoreich und fast jeden Sonntag brachte der immer bereitstehende Sanitätswagen einige Rennopfer in das Military Hospital in der Eilenriede in der Gehägestraße. Uns Deutschen war der Zutritt in das Stadion gegen Eintrittszahlung erlaubt, und auch wir hatten bald unsere Favoriten, wie zum Beispiel Sgt. Johnson und Pt. Atkins. Ganz verstehen konnten wir die englischen Soldaten, die die Rennen fuhren, nicht. Sollten sie doch eigentlich froh sein, den Krieg gesund überstanden zu haben.

In der Schule war bisher alles einigermaßen normal verlaufen. Jedoch merkte ich mehr und mehr, daß mir ein solides Grundwissen fehlte. Sicher eine Folge der vorrangigen Jagd nach Nahrungsmitteln, aber, wenn ich ehrlich war, auch in der Vernachlässigung meiner Schulpflichten. Noch ging alle gut. Mit der Versetzung in die 11. Klasse, die der Mittleren Reife einer Mittelschule gleichgesetzt wurde, schien es nochmal zu klappen. Etliche Schüler, die die verbindliche Absicht äußerten, die Schule zu verlassen, um eine Lehre anzutreten, konnten damit ein Sitzenbleiben verhindern und erhielten die Versetzung.

Die Klasse war stark reduziert und wurde mit den Resten anderer elfter Klassen neu zusammengesetzt.

Tanzstunde

Mit der Versetzung in die elfte Klasse war, wenn auch ungeschrieben, die Verpflichtung verbunden, sich auf den Umgang in der Gesellschaft vorzubereiten. Die Institution dafür war die Tanzschule. In Hannover gab es für Oberschüler drei namhafte Tanzschulen, unter denen man zu wählen hatte. Die Tanzschulen Else Franke, Helga Mesecke und Toelle-Lauenstein.

Mein Freund Werner und ich meldeten uns bei Helga Mesecke in einem vornehmen Villenbau in der Hohenzollernstraße zum Anfängerkurs an.

Frau Mesecke persönlich begrüßte die Teilnehmerschar von etwa vierzig Mädchen und Jungen, Verzeihung: Damen und Herren. Sie entschuldigte sich für die noch an der Decke und den Wänden des Raumes vorhandenen sichtbaren Kriegsschäden. Diese sollten uns aber nicht daran hindern, freudig am Unterricht teilzunehmen. Zunächst machte sie uns theoretisch mit den Regeln des gesellschaftlichen Umgangs und guten Benehmens vertraut. Sie sind mir fast alle noch erinnerlich, aber eine hatte sich mir besonders eingeprägt: Ein Herr raucht nicht auf der Straße! Bei dem heute alltäglichen Anblick rauchender Männer und vor allem auch Frauen auf der Straße, kommt mir immer wieder diese Tanzstundenermahnung in den Sinn. Die Kleidung der Jungen war konventionell und korrekt. Dunkler Anzug, helles Oberhemd und gedeckte Krawatte. Bei näherem Augenschein konnte man bei etlichen Teilnehmern, so auch bei mir, sehen, daß die Kleidung Stellen der Ausbesserung aufwies. Die Paßform der Anzüge in die Nähe eines Maßanzuges zu rücken, bedurfte schon der Betrachtungsweise eines hemmungslosen Optimisten.

Ein Phänomen der perfekten Kleidung in jener Zeit darf nicht unerwähnt bleiben. Man trug Hut. Selbst Sechzehnjährige gingen nicht ohne Hut, scherzhaft auch "Bibi" genannt, aus dem Hause. Die Hutmode war nicht festgelegt, man trug, was man hatte. Ohne Krawatte ging man übrigens auch nicht, das wäre zu "gewöhnlich" gewesen.

Fröhlich, aber auch ernsthaft bemüht, übten wir als erstes den Gang auf eine Dame zu. Schritt zur Seite, Verbeugung und dann die Worte: "Darf ich bitten?" Der Abgang war ähnlich: Verbeugung, Schritt zur Seite, drei Schritte rückwärts, umdrehen und Abgang. Die Mädchen übten derweil den huldvollen Blick und den Knicks. Jede Tanzstunde fing mit einer Polonaise an. Gravitätisch schritten wir nacheinander in den Saal, trafen uns am Ende in der Mitte mit den Damen, machten eine Verbeugung, hoben den rechten Arm an, so daß die Dame ihren linken Arm leicht aufstützen konnte und schritten dann zu zweit bis an das andere Ende des Saales, um uns mit einer Verbeugung wieder zu verabschieden. Irgendwie kam uns das alles wie im Film vor. So ganz hatten wir die innere Reife wohl doch noch nicht. Meine Tanzstundendame hieß Ditta und war ein hübsches, fröhliches Mädchen. Sie wohnte in der Cranachstraße, so daß ich es nicht so weit hatte, als ich meinen vorschriftsmäßigen Antrittsbesuch machte. Mit einem Blumenstrauß in der Hand stellte ich mich ihren Eltern vor, die mich sehr nett aufnahmen. Ebenso vorschriftsmäßig zog ich mich nach fünfzehn Minuten belangloser Konversation zurück und machte mich auf den Heimweg. Zu meinem Geburtstag machte mit Ditta ein wahrhaft fürstliches Geschenk, über das sich auch mein Vater freute, ein ganzes Pfund Zucker. Mit Ditta probte ich nun eifrig Walzer, Rheinländer, Foxtrott und Tango, mit Seitenpromenaden natürlich.

Die Musik kam vom Grammophon, und wir freuten uns schon mächtig auf den Mittelball und auf den Abschlußball, bei denen richtige Tanzorchester aufspielen sollten. Diese Bälle fanden fast immer in einem Saal der Stadthalle statt. In Hannover gab es mehrere Orchester, aber zwei davon hatten besondere Klasse und waren entsprechend begehrt. Die "Melodias" und "Heinz Both". Sie spielten die Tanzmusik so, wie wir sie liebten. Heinz Both, selbst ein hervorragender Saxophonist, machte so klangschöne Arrangements mit eindrucksvollen Soli, daß er mit seinem Orchester auch oft im Rundfunk zu hören war. Häufig begleitete er mit seinem Orchester auch bereits sehr bekannte Sängerinnen wie Lalc Andersen oder aber auch aufstrebende junge Kräfte wie Evelyn Künnecke. Ein Auftritt ist mir unvergeßlich. Im Lister Kino an der Podbi, gegenüber von Günter Wagner's Pelikan gab es einen Gesangsvortrag von Evelyn Künnecke. Sie hatte eine eigene Art zu singen entwickelt, die wir gern nachahmten und ungeheuer toll fanden. Sie sang ein bißchen verlangsamt und schleppte die Töne auf eine Weise, die ihr etwas Laszives verlieh. Abgesehen davon, daß sie ausgesprochen hübsch und eine gute Bühnenerscheinung war, trug sie einen Ausschnitt, der auch nach großzügigen Maßstäben als sehr gewagt bezeichnet werden mußte. Heinz Both, der neben ihr sitzend seine Band dirigierte und hin und wieder ein Saxophonsolo einlegen mußte, war ob des schönen Anblicks sichtlich irritiert. Als bei dem Lied "Christopher Columbus" nicht nur das Meer heftig wogte, starrte er wie unter Zwang auf die bebende Gefahr, bereit, irgendwie das Schlimmste zu verhüten. Im Publikum wurde gelacht und er ließ sich davon anstecken. Evelyn blieb gelassen.

Das Ganze wiederholte sich bei einem Lied von einem einsamen Ritter, der in einem Schloß, hoch auf einem Felsen im Meer, wohnte. Aber der blonde Gentleman mit dem Saxophon überstand auch diese Situation. Zum Schluß, für alle tosender Beifall.

In Erwartung des ersten Balles überfiel uns doch ab und zu der Zweifel, ob wir den Erfordernissen der modernen Tanzkunst wirklich schon gewachsen waren. Auf Empfehlung unseres Klassenkameraden Jürgen Soegtig nahmen mein Freund Gerhard und ich zur Sicherheit noch ein paar Stunden Privatunterricht bei Frau Marhenke in ihrer Parterrewohnung in der Ferdinand-Wallbrecht-Straße. Herr Marhenke legte die Platten auf und wir tanzten mit seiner Frau die vorgeschriebenen Schritte. Wenn mein Freund und ich aufeinander warteten, oder ein Pause war, wies uns Herr Marhenke in die Grundzüge der Nietzsche'schen und Kant'schen Philosophie ein. Er selbst beteuerte, daß er nur kraft seines Willens den Krieg überlebt und, ja, sogar einmal eine schwere Vergiftung überstanden hätte. Wir waren sehr beeindruckt.

Der Abschlußball unserer Tanzstunde fand in der Stadthalle statt, und die "Melodias" spielten zum Tanze auf. Die Damen hatten den Kuchen mitgebracht, die Herren hatten für die Getränke gesorgt. Mehr oder weniger gekonnt zeigten wir, was wir gelernt hatten, und vom Rande des Saales schauten die Eltern, die mitgekommen waren, gerührt zu.

126

Nun, da wir tanzen konnten, so glaubten wir wenigstens, gingen wir häufiger aus. Sehr beliebt war der Tanztee sonntags bei Ontrup in der Gehägestraße nahe Steuerndieb. Ontrup war ursprünglich ein Ausflugslokal mit Gartenrestaurant gewesen. Der Besitzer hatte die Zeichen der Zeit erkannt und setzte auf die Erlebnisfreude der Jugend, die sich frei ausleben wollte. Mit Recht, denn es passierte oft genug, daß das Lokal kurz nach Einlaßbeginn wegen Überfüllung schon wieder schließen, und die draußen harrende Menge der Einlaßbegehrenden ziemlich verärgert den Heimweg antreten mußte. Hausband waren "Die Uhus", eine Kapelle, die sehr gute und vor allen tanzbare Musik machte und allgemein sehr geschätzt war. Im Laufe der Zeit entwickelte sich zwischen den Musikern und dem Publikum ein ausgesprochen persönliches Verhältnis. Wir bekamen jedenfalls immer einen Adrenalinstoß, wenn der Tanznachmittag oder der Tanzabend mit der Melodie "Cherokee" eröffnet wurde. Die runde Tanzfläche füllte sich schnell und spätestens wenn "When my Dreamboat comes Home" gespielt wurde, war alles in Bewegung. Der Saxophonist und der Schlagzeuger waren die herausragenden Solisten, und hatten ihr Publikum gut im Griff.

Beim Tanz am Abend gab es in den Toilettenräumen und davor hin und wieder eine meist harmlose Keilerei mit Angehörigen der kanadischen und britischen Besatzungstruppen, die im naheliegenden Militärhospital stationiert waren, und auch gern mit deutschen Mädchen tanzen wollten. Im großen und ganzen verliefen die Tanzveranstaltungen sehr gesittet.

War der Tanzabend zu Ende, ging es durch die Eilenriede zu Fuß nach Hause. Angst vor Überfällen oder Belästigungen hatte man nicht. Es war schon ein Phänomen, daß nach dem Krieg mit all seiner Gewalt, nun eine Zeitspanne der Friedfertigkeit herrschte. Es hatte allerdings sogenannte Polenbanden gegeben; DP's (Displaced Persons), die in Deutschland zwangsverpflichtet waren, und nun in Gruppen herumliefen und ihre Rachegelüste gegenüber den Deutschen mit Raub und Überfällen befriedigten. Das ging den Engländern entschieden zu weit, und sie sorgten mit der Zeit dafür, daß diese DP's in ihre Heimatregionen zurückgeführt wurden und die deutsche Bevölkerung dieser Sorge enthoben wurde.

Annähernd unvorstellbar ist heute, daß man in jener Zeit ohne Angst vor Überfällen allein abends oder nachts durch die Straßen gehen konnte. Noch waren wir ja ein Volk von Fußgängern. Wie oft brachte man jemanden in entlegene Stadtteile nach Hause, ohne eine Bedrohung zu empfinden. Auch die Eilenriede bot in dieser Hinsicht keinen Schrecken. Es gibt sicher auch heute noch keine zufriedenstellende Erklärung für dieses Phänomen. War unser Bewußtsein damals ein anderes, oder war es, weil alle nichts hatten?

Außer zu Ontrup ging man noch ins "Neue Haus", ins "Kurhaus Friedenstal" an der Stadtgrenze zu Misburg, wo Damenwahl Vorrang hatte. Etwas volkstümlicher ging es im "Zum Heidelberger" zu, einem provisorischen Holzbau an der Georgstraße, auf dem Platz vor der heutigen Landeszentralbank. Es gab eine Unmenge kleinerer Tanzlokale, die den Bedürfnissen der Zeit Rechnung trugen. Jedes hatte seine Kapelle. Wenn Karl-Heinz Flake bei "Plötze" in der Gretchenstraße spielte, sprach sich das herum und das Lokal war proppenvoll. Am Küchengarten, im spitzwinkligen Haus in der ersten Etage etablierte sich ebenfalls ein nettes Tanzlokal, in dem man schnell Bekanntschaft schließen konnte. Über Gästemangel konnte kein Besitzer klagen. Selbst kleinere Tanzlokale wie "Zum Gabelsberger" in der gleichnamigen Straße waren voll besetzt. Ein ungeheuer Lebenshunger hatte die Menschen ergriffen. In der warmen Jahreszeit fuhren wir gern zum "Parkhaus" in der Nienburger Straße. Hier war Tanz im Freien, und meistens spielten hier auch gute Orchester. Später erweiterte sich unser Aktionsradius bis zur "Räuberhöhle" in Gehrden, oder zu den "Benther Bergterassen" am Benther Berg, wo ebenfalls eine gute Band, die BBT-Band, aufspielte und zusätzlich Unterhaltungseinlagen mit aktiver Beteiligung des Publikums bot.

Wollte man gesellschaftlichem Anspruch höherer Art genügen, ging man zum Tanztee in der Stadthalle, wo Julius Lehmann sein Orchester dirigierte. Hier war alles ein wenig vornehmer, stilvoller und manchmal auch etwas langweiliger. Der Vortrag des Orchesters war so dezent, daß man im Volksmund scherzhaft den Namen des Orchesters mit französischen Akzent aussprach: "Jülemang".

Es gab also genug Gelegenheiten, zu handgespielter Musik zu tanzen und, was in unserem Alter ebenso wichtig war, hübsche Mädchen kennenzulernen.

Im Frühjahr 1948 ereilte mich das Schicksal. Ich wurde nicht in die Abiturklasse versetzt. Um es deutlich auszudrücken, ich blieb sitzen. Einfühlsam, wie es seine Art war, machte mir mein Vater klar, daß meine Fähigkeiten vielleicht eher den Anforderungen der Kunst des Korbflechtens entsprechen würden.

Doch als ich dann in einer überlegten Trotzreaktion ein Bewerbungsschreiben an eine Korbflechterei verfaßte, in dem ich von meiner Vorliebe für handwerklichen Umgang mit Holzmaterial berichtete und meinem Vater dieses zur Begutachtung vorlegte, reagierte er, vornehm ausgedrückt, sehr emotional.

So ging ich zwar weiter zur Schule, fühlte mich aber in der neuen Klassengemeinschaft als Fremdkörper. Mein Selbstvertrauen war auf dem Null-

punkt und mein Vater war bei aller Liebe nicht befähigt, mir beim Aufbau meines Selbstvertrauens und der Überwindung dieses Rückschlages zu helfen.
Er schien erleichtert, als ich ihm ein paar Monate später erklärte, die Schule verlassen zu wollen, um eine kaufmännische Lehre anzutreten.

Eintritt in das Berufsleben

Es war wohl ein Wink des Schicksals, daß ich eines Tages per Zufall ein Inserat in der Zeitung las:
Waldschmidt & Köster, Drogen, Kolonialwaren, Landesprodukten- und Farbengroßhandlung mir Kaffeegroßrösterei sucht Lehrling.
So schickte ich eine mit wohlgesetzten Worten verfertigte Bewerbung los und freute mich riesig, als ich ein paar Tage darauf zu einem Vorstellungsgespräch gebeten wurde. Ich bereitete mich auf alle möglichen Fragen, die meinen Leistungsstand im Rechnen und kaufmännischen Wissen betrafen, intensiv vor. Sorgen machte ich mir hauptsächlich wegen meines Aussehens. Ich war stark untergewichtig und ausgesprochen dünn. So lieh ich mir von meinem Vater einen steifen Igelitmantel mit breiten Schultern und stellt mich dem Vorstellungsgespräch.
Herr Waldschmidt, ein Mann mit durchdringendem Blick in seinen dunklen Augen, fragte mich nach meiner augenblicklichen Lebenssituation - und ob ich Zweizentnersäcke tragen könne. Natürlich sagte ich ja, ohne mir meine starken inneren Zweifel anmerken zu lassen. Nachdem er mich noch einige Male streng gemustert hatte, schien er weitere Informationen nicht mehr zu benötigen.
So kam der Lehrvertrag zum 1. Oktober 1948 zustande, der mir nun auch mein erstes Einkommen bescheren sollte.
Die mir von der Lehrfirma zu zahlende "Erziehungsbeihilfe" sollte monatlich im ersten Lehrjahr DM 40,00, im zweiten DM 50,00 und im dritten DM 60,00 betragen.
Die DM gab es erst seit dem 20. Juni 1948, dem Tag der Währungsreform. Mit dem Wechsel der Reichsmark zur Deutschen Mark vollzog sich auch ein verblüffender Wandel im Warenangebot. Buchstäblich über Nacht

tauchten in den Auslagen der Geschäfte Waren auf, an deren Erwerb wir vorher nicht einmal in den kühnsten Träumen gedacht hatten.
Vielleicht ging's nun bergauf, vor allem mit der Ernährung. Es ging bergauf, wenn auch zunächst mit harter Arbeit. Meine erste Tätigkeit bei der Firma W & K begann in der Ludwigstraße 9 - 10. Hier stand das, was von dem Firmengebäude nach mehreren Bombenangriffen übriggeblieben war. Der Großhandelsbetrieb wurde provisorisch auf einem Lagergelände in Linden geführt. Ich wurde dort einigen älteren Lehrlingen vorgestellt, bekam wie sie einen Hammer in die Hand und schlug nach Anweisung solange auf tragende Betonsäulen und Wände ein, bis das darin befindliche Stahlgestänge zur neuen Betonierung weit genug herausragte. In den ersten Wochen waren bei dieser Tätigkeit meine Handgelenke auf das Doppelte ihres Normalumfangs angeschwollen und schmerzten infernalisch. Wie zur Abwechslung durften wir manchmal des abends nach Feierabend noch einen großen Lastzug mit Bausteinen entladen.
Wie hieß es so schön? "Lehrjahre sind keine Herrenjahre"
Diese Satz ließ uns Lehrlinge zwar grimmig auflachen, aber wir hatten bei unserer Arbeit auch die innere Überzeugung, beim Aufbau mithelfen zu müssen, da es auch um unsere persönliche Zukunft ging. Es konnte ja nur besser werden.
Es dauerte nicht lange, bis der triumphale Einzug der Firma in die wiedererstellten Geschäfts- und Lagerräume erfolgen konnte.
Nun kamen auch wir Lehrlinge zu unserer regulären Ausbildung in Büro und Lager. Abwechselnd mußten wir im neuen Gebäude übers Wochenende Wache schieben, da sich die Einbrüche und Diebstähle stark vermehrten, fast parallel zum wachsenden Warenangebot.

Für meinen Vater und mich hatte sich die Ernährungssituation nach der Währungsreform und nach meinem Lehrantritt merklich gebessert. Der Inhalt so mancher angeknackten Dose "Nestlé Kindermehl", die nicht mehr verkäuflich war fand den Weg in meinen immer noch oft hungrigen Magen. Des besseren Schluckens wegen verrührte ich das Kindermehl mit Apfelsaft zu einem braunen Brei. Das Schicksal, "angeknackt" zu sein, widerfuhr auch so mancher Marmeladen- oder Rübensaftdose. Außerdem konnten wir in begrenztem Umfang solche Ware kaufen.
Mein Vater war inzwischen entnazifiziert worden, bekam ein Alternativangebot von der Post. Entweder um eine Position heruntergestuft wieder eingestellt zu werden, oder in Pension zu gehen. Er, inzwischen über sechzig Jahre alt, zog es vor, in Pension zu gehen. Auch ich hielt es für ihn für die beste Lösung.

Es ging weiterhin bergauf mit uns, wie überall, Optimismus machte sich breit. Zukunftsängste hatte keiner mehr. Mein Beruf machte mir Spaß und es erfüllte mich mit Stolz, als mir, der ich noch im dritten Lehrjahr war, angeboten wurde, in den Außendienst zu gehen. Ein älterer Reisender war wegen Krankheit nicht mehr reisefähig, und würde wohl auch nicht wieder im Außendienst tätig sein können. Es war schon immer mein kaum verhohlener Traum gewesen, eine Tätigkeit auszuüben, bei der ich nicht an einen Platz im Büro gebunden war. Die Vorstellung, mit einem Auto durch die Landschaft zu fahren neuen Menschen zu begegnen, denen ich mit überzeugenden Argumenten etwas verkaufen konnte, was ihnen nützte und Freude brachte, verdichtete sich zu einem mit aller Energie angestrebten Wunschziel. In weiser Voraussicht hatte ich schon frühzeitig meinen Führerschein gemacht, und so saß ich eines Tages in einem Opel 1,3 ltr., ausgerüstet mit Preisliste und Warenproben, und fuhr über Land zur Kundschaft. Mit Elan und Optimismus verkaufte ich den Lebensmittelhändlern und Drogisten Waren aus meinem umfangreichen Sortiment. Daß mein Auto das Benzin und das Öl nur so schluckte und daß ich mindestens einmal in der Woche einen Reifen bei "Reifen-Bell" am Immengarten vulkanisieren lassen mußte, waren Beigaben, die ich geduldig hinnahm. Einige Zeit später bekam ich dann einen alten DKW-F7 Reichsklasse mit Sperrholzkarosserie, der vergleichsweise unverwüstlich und sparsam war.

Der DKW-F7 Reichsklasse

131

So stolz ich auch auf meinen Wagen war - in Hannover liefen eben noch nicht viele - so staunte ich doch sehr, wenn in unsere Straße hin und wieder ein chromblitzender amerikanischer Schlitten auftauchte. Diesem Wagen entstieg ein junger Mann, der im gegenüberliegenden Haus verschwand, in dem er zu wohnen schien. Wenn er mit dem klotzigen Wagen abgeholt wurde, registrierten das die Bewohner der kleinen Straße mit einer gewissen Bewunderung. Erst viel später sollte ich den Namen des jungen Mannes erfahren: Rudolf Augstein.

Ich war trotz wachsender Konkurrenz recht erfolgreich und das Leben war schön. So hätte es immer weiter gehen können.

Aber wie das in einer freien Marktwirtschaft so ist, erstand durch Kapitalzusammenschlüsse eine neue Wettbewerbssituation, die privaten kleinen Unternehmen allmählich in eine ausweglose Lage brachte.

Es gab eine große Anzahl von Firmen in dieser Branche, die aus Vorkriegs- und Kriegszeit her existierten, und nun gleichsam ums Überleben kämpften. Alle hatten eine Tradition und trugen bekannte Namen;

Ernst Grote AG, Wilhelm Eichhorn, Beckey & Miehe, August Wist, Hermann Dancker, Adolf Schaper, Müller & Schelper, Leseberg & Kumlehn und die Genossenschaften Edeka und Rewe.

Alle standen in der Arena des Wettbewerbs und ahnten nicht, daß sie, bis auf wenige Ausnahmen in einigen Jahren das Schicksal der Saurier teilen und nur noch Erinnerung sein würden.

1951 bestand ich an der Handelskammer meine Großhandelskaufmann-Gehilfenprüfung und mit meinem fast gleichzeitigen 21. Geburtstag war ich am Ende meiner Jugendzeit angelangt und trat mit Optimismus und Zuversicht in einen neuen Lebensabschnitt.

Mit dieser Reminiszenz schließe ich das Kapitel "Jugendzeit".

Nachklang

Diese Buch habe ich meinen beiden Kindern gewidmet, die inzwischen selbst ihre Kindheit und ihre Jugend hinter sich haben, und sich in der Höhenphase ihres Lebensweges befinden

Beim Schreiben des Buches ist mir klargeworden, daß ich das Buch zwar meinen Kindern gewidmet habe, geschrieben aber habe ich es für mich und alle, die sich und die Zeit darin wiederfinden.

Wenn sie sagen: "Ja, genauso war's, das mußte mal geschrieben werden", habe ich erreicht, was ich mir wünschte.

Es wäre natürlich schön, wenn auch jüngere Menschen dieses Buch lesen würden. Es ist ja kein lästiger Ratgeber, denn ihre Erfahrungen wollen und müssen junge Menschen ohnehin selbst machen.

Sicher aber könnte dieses Buch dazu beitragen, das Abbild einer schwerwiegenden Epoche in Deutschland um ein paar Mosaiksteine zu ergänzen. Wenn dann die Jungen ihrerseits fragen, "war das eigentlich wirklich so?", dann ist doch eine wunderbare Möglichkeit für einen verständnisvollen Dialog geschaffen.

Quellenangabe:

"Das Dritte Reich"
Seine Geschichten in Texten, Bildern und Dokumenten
Herausgegeben von Heinz Huber und Artur Müller unter Mitwirkung von
Prof. Waldemar Besson, R. Löwit, Wiebaden, Verlag Kurt Desch GmbH,
München 1964

"Hannover Chronik"
Von den Anfängen zur Gegenwart, Zahlen Daten, Fakten
Klaus Mlynek, Waldemar Röhrbein, Schlütersche Verlagsanstalt und Druk-
kerei GmbH, Hannover 1991

"Unter der Wolke des Todes leben"
Hannover im Zweiten Weltkrieg
Th. Grabe, R. Hollamnn, K. Mlynek, M. Radtke, ErnstKabel Verlag GmbH,
Hamburg 1983

"Warum ich kein Christ bin"
Bertrand Russell über Religion, Moral und Humanität
Rowohlt Verlag GmbH, Reinbek/Hamburg 1968

Der Abdruck von Abbildungen aus dem Buch "Hannover, die Stadt im
Grünen" verlegt 1927 vom Verkehrverein Hannover e.V. erfolgt mit aus-
drücklicher Genehmigung des Verkehrsvereins Hannover e.V. vom 30. Mai
1995.